GANZ BARCELONA

Text: Manuel Milián Mestre

Editorial Escudo de Oro, S.A.

Historisches Museum der Stadt. Römischer Kopf in Marmor der Kaiserin Agrippina. I. Jh.

Historisches Museum der Stadt. Römische Büste in Marmor, von der man annimmt, dass sie Antonius Pius darstellt. II. Jh.

BARCELONA

Wahrscheinlich ist Barcelona heute die dynamischste und erneuerungsfreudigste Stadt des Mittelmeers. Sie vereint ihre zweitausendjährige Tradition (die iberische Stadt Laye wurde 133 v. Chr. von Lucius Cornelius Scipio erobert und mit dem Namen Favencia Julia Augusta Paterna Barcino römische Kolonie) mit der Neigung zu kommerzieller und kreativer Ausdehnung, die ihre ganze Geschichte gekennzeichnet hat. Wenige Städte am Mittelmeer können solchen Reichtum an Architektur, Stadtplanung, Kultur, Austausch, Modernität beitragen wie Barcelona, dem die *Renaixença* (lit. und linguist. Bewegung «Wiedergeburt») in der zweiten Hälfte des XIX. Jh. und der *Modernismus* zu dessen Ende und zu Beginn des XX. Wesenszüge verschafften, die im wahren Sinn des Wortes ausserordentlich sind. Ein industrielles Bürgertum und eine Handelstradition seit dem Mittelalter ermöglichte eine führende Klasse, welche die Stadt mit Kunst und Modernität befriedigte, deren Erbe heute einer der interessantesten Stadtkomplexe Europas ist. Die Herausforderung der Olympischen Spiele 1992 treibt von neuem den Unternehmungsgeist der Barcelonesen an. Dadurch beginnt eine neue Periode tiefgreifender Änderungen in den Stadtgebieten am Meer (Olympisches Dorf) und auf dem Berg Montjuïc (Olympischer Ring) sowie im Komplex von Infrastrukturen und Stadtumgehungsstrassen.

Etwas Geschichte

Die Stadt der Römer entstand auf einer leichten Erhebung (Mons Taber) inmitten der Ebene, die sich zwischen den Flüssen Besós und Llobregat ausdehnt, am Ufer des Mittelmeers, geschützt vor den Nordwinden durch die Bergkette Collserola. Der ursprüngliche Bereich war zur Zeit von Kaiser Augustus (27 vor bis 14 nach Christus) klassisch angeordnet. Die reichlichen römischen Reste bevölkern den Untergrund des Gebiets, das heute das Gotische Viertel umfasst. Dazu gehören die eindrucksvollen Säulen des Augustustempels, der im Herzen des römischen Barcino stand (Centre Excursionista de Catalunya). Die Stadt wuchs ummauert bis zum IV. Jh., in dem sie von den Franken besetzt wurde. Nach und nach hatte sie Tarraco (das heutige Tarragona) als Hauptstadt der römischen Provinz Tarragonien verdrängt. In der Westgotenzeit wurde sie auf einen zweiten Platz verbannt, obwohl König Ataülf sie im V. Jahrhundert vorübergehend zur Hauptstadt seines Rei-

ches machte. Der Niedergang sollte mit der muselmanischen Eroberung (VIII. Jh.) zusammenfallen, bis endlich 801, mit der Ankunft der Franken unter Ludovicus Pius, ein neuer Zeitabschnitt der Wiedereroberung beginnt. Sie bildeten im Süden der Pyrenäen einen kleinen Spähtrupp, der zur spanischen Mark werden sollte. Damals entstand die Grafschaft Barcelona, in der Wilfried der Behaarte (Guifré el Pilós) hervorragt. Sie sollte systematisch anwachsen bis zum Einfall Almanzors (985), der die Stadt zerstört. Das veranlasst den Grafen Borrell, die karolingische Macht nicht zu beachten und 988 seine Grafschaft unabhängig zu machen.

Die glänzende Entwicklung Barcelonas fand ab dem XI. Jahrhundert statt. Mit der Verbindung Kataloniens und Aragoniens (XII. Jh.) wird Alfons I zum ersten katalanischen Grafen bzw. König. Jakob I der Eroberer sollte seine Königreiche nach Süden (Königreich Valencia) und über das Mittelmeer mit der Eroberung Mallorcas ausdehnen. Damit schuf er das grosse katalanisch-aragonesische Bündnis, das den Mittelmeerhandel, die grössten architektonischen Bauwerke der Gotik und die grossen Einrichtungen (Gesetzbuch *dels Usatges* vorwärtsbrachte, die das historische Gepräge Kataloniens und Barcelonas bestimmen.

Die Jahrhunderte des Mittelalters bringen die grössten Baudenkmäler und Vermächtnisse Barcelonas, wie das Consolat de Mar (Meereskonsulat), die Llotja (Börse) sowie den Anfang der sozialen Einrichtungen und der Gremien, die das Gewebe bilden, auf denen sich Jahrhunderte später die äusserst tatkräftige bürgerliche Gesellschaft entwickelt.

Durch den Kompromiss von Caspe (1410) geht die Krone an die kastilische Dynastie der Trastámara. Dadurch beginnt für die Stadt wieder eine Zeit des Verfalls (XV. Jh.), die bis zur Renaissance dauern sollte. Dass Isabella I von Kastilien und Ferdinand V von Aragonien Christoph Kolumbus bei seiner Rückkehr von der Entdeckung Amerikas in Barcelona empfangen, ist nur eine Anekdote.

Nach den Österreichern kommt es zum Nachfolgekrieg, in dem sich Barcelona für den Erzherzog Karl von Österreich entscheidet. Diese Entscheidung bedeutet einen neuen Rückfall, da nach dem Sieg des anderen Bewerbers, Philipp V von Bourbon, ein grosser Teil der Vorrechte verschwinden. 1714, nach dreizehn Monaten Belagerung, ergibt sich Barcelona, und ein eiserner Zentralismus versucht, die Spuren seiner historischen Identität zu verwischen. Um die Stadt zu kontrollieren, baut Philipp V die Stadtfestung Ciutadella. Die kurze französische Besetzung (1808-1813) sollte nur spärliche Erinnerungen hin-

Historisches Museum der Stadt. Bronzestatue des I. Jh., bekannt als «Venus von Barcelona».

Historisches Museum der Stadt. Wandgemälde der altchristlichen Basilika Barcelonas. VI. Jh.

1992 wird Barcelona endgültig im Komplex des Hauptstädtischen Verwaltungsgebiets aufgehen, dessen geographischer Mittelpunkt wahrscheinlich der Tibidabo sein wird.

Historisches Museum der Stadt. «Diana». Herrliche Skulptur, die leider zerbrochen ist.

terlassen. Schliesslich werden 1860 die alten Mauern abgerissen, wodurch die Stadt in die benachbarten Felder von *el pla de Barcelona* (Ebene von Barcelona) einbricht.

Die beiden historischen Höhepunkte der Stadtplanung Barcelonas sind die Weltausstellung 1888 und die Internationale Ausstellung 1929. Der ganze Geist der *Renaixença* der zweiten Hälfte des XIX. Jh. und des *Modernismus* sollte in dieser Zeit Gestalt annehmen. Seine Spur bestimmt endgültig die Oberfläche Barcelonas, so wie seine derzeitige Schwungkraft durch die Bauwerke der olympischen Spiele 1992 entsteht, die eine neue Aussicht eröffnen. Nach

Das Herz des alten und mittelalterlichen Barcelona

Wenige grosse Städte am Mittelmeer können eine ähnliche Ansammlung an Baudenkmälern und lebendigen historischen Reichtümern bieten. Von der iberischen Vergangenheit sind belegte historische Erinnerungen geblieben. Aus der Römerzeit ist der Bauch des heutigen Gotischen Viertels voll. Villen, Mosaiken, Skulpturen... die periodisch im Umkreis des Epizentrums von Barcino entdeckt werden, um die carrer del Paradís (Paradiesstrasse), was etwa dem *Mons Taber* entspricht. Vom westgotischen Barcelona sind Wohnungen und Gräber am Rand der Vía Layetana, auf dem Platz des Marktes *Santa Caterina* zum Vorschein gekommen. Aus der glanzvollen mittelalterlichen Zeit gibt es die überragendsten architektonischen Gebäude, manchmal mit romanischen Anfängen, wie bei der Kapelle *Santa Llúcia* (XII.Jh.) oder bei *Sant Pau del Camp* (XII. Jh.), früher ausserhalb der Mauern.

Fast alle grossen gesellschaftlichen Einrichtungen Barcelonas entstehen in diesem Umkreis der alten und mittelalterlichen Stadt, die vom Hafen bis fast zur *Plaça de Catalunya* (Katalonienplatz) und von der Ciutadella bis zu den Ausläufern des Montjuïc reicht. Die Altstadt könnte man in drei Stadtviertel einteilen: das älteste, das zwischen *Rambla* und *Via Laietana* verläuft (Gotisches Viertel); das sogenannte Viertel La Ribera, das sich zwischen *Via Laietana* und der *carrer del Comerç* sowie zwischen der Strasse *La Princesa* und dem Meer ausdehnt. Zwischen der *Rambla* und den Rondas *Sant Antoni* und *Sant Pau* liegt das Stadtviertel *El Raval* (oder Vorstadt). Wo es früher Klöster und Orden der barmherzigen Brüder gab, gehen heute Laster, Drogensucht und Verbrechen um.

Das anfängliche Barcelona hatte seinen Mittelpunkt auf dem heutigen Platz *Sant Jaume*, wo sich das römische Forum befunden hatte und die beiden wichtigsten Strassen kreuzten: *el cardo* (die heutigen Strassen *Bisbe* und *Ciutat)* und *decumanus* (die Strassen *Llibreteria* und *Call).* Diese ursprüngliche Siedlung hatte ovalen Umfang, von Mauern geschlossen — einige davon noch bruchstückartig oder wieder zusammengesetzt sichtbar —, um sich vor Barbareneinfällen zu schützen.

Im Mittelalter wird das römische Forum mit den beiden gotischen Palästen bebaut, den späteren Regierungssitzen der Stadt bzw. Kataloniens — *Generalitat* —, als Zeichen der Macht, die ein Königreich

Historisches Museum der Stadt. Eine mit Miniaturen bemalte Seite des Kommentars zu den «Usatges». Jaime Marquilles (XV. Jh.).

Rückansicht und Detail des Kreuzgangs der Kirche Sant Pau del Camp.

— Katalonien und Aragonien — mit wichtigen Enklaven am Mittelmeer zur Schau stellte.

Das westgotische Barcelona hat kaum Spuren hinterlassen, ausser Kapitellen an der Fassade von *Sant Pau del Camp*. Aber von dem frühmittelalterlichen Barcelona haben einige Gebäude und romanische Reste von rührender, einzigartiger Schönheit überlebt. So die Tür der Kathedrale zu ihrem Kreuzgang, die wahrscheinlich bereits mit Materialien des römischen Forums gebaut wurde. In der Kathedrale selbst kann man die Kapelle *Santa Llúcia* (Heilige Luzie) bewundern, gegenüber dem Palast von *l'Ardiaca* (Erzdiakon). Heute noch kann man im Palast des Erzbischofs eine romanische Galerie mit Bogen sehen, die auf Säulen des XII. und XIII. Jh. ruhen.

Andere Reste dieser Zeit finden wir in der Strasse *Ataülf,* in der Nähe des Platzes *Sant Jaume,* in der Kapelle des ehemaligen *Palau Menor* (Kleinerer Palast), Residenz König Peters des Zeremoniösen, der von 1336 bis 1397 regierte. Diese Kapelle wurde im XVI. Jh. umgebaut.

Eine bezeichnende Fussnote der Romanik ist zweifellos die Kapelle *Marcús* (XII. Jh.) an der Kreuzung der Strassen *Carders* und *Montcada* im Stadtteil *Sant Pere* (Skt. Peter). Sie gehörte seinerzeit zu einem Hospitalkomplex, den der Bankier Bernat Marcús erbaute. Sie war Sitz der Bruderschaft der Kuriere zu Pferde, die im Mittelalter grosse gesellschaftliche Bedeutung hatte.

In derselben Gegend steht das ehemalige Kloster *Sant Pere de les Puelles*. Es beherbergte eine weibliche Benediktinergemeinde, die 1879 nach Sarriá umzog. In dieser Kirche gibt es noch romanische Kapitelle und Überbleibsel in der Kapelle *Sant Serni* oder *Sant Sadurní,* die Ludovicus Pius zur Erinnerung an den Sieg 801 über die Mauren baute, die damals Stadt beherrschten.

Die Kirche *Santa Anna* und ihr versteckter architektonischer Bereich — nicht weit von *Plaça Catalunya* — ist noch eine Erinnerung an diese romanischen Wurzeln, da sie eine Struktur beibehielt, die später tiefgreifend geändert wurde.

Detail der römischen Mauer.

Das Beste der Romanik Barcelonas findet der Besucher in *El Raval,* wo uns das winzige, bildschöne Benediktinerkloster *Sant Pau del Camp*, von dem man seit 912 weiss, die Erlesenheit seines Komplexes zeigt, der durch eine gesellschaftlich unterdrückte Umgebung belastet wird. Neue städtebauliche Projekte haben kürzlich dieses romanische Juwel befreit, um ihm seine ganze Schönheit wiederzugeben. Es besteht aus einer kleinen Kirche und einer Apsis, die einzigartig in Barcelona sind (1117), einem etwas späteren Kapitelsaal (XIV. Jh.) und einem kleinen Kreuzgang von besonderer Intimität, mit dreilappigem Bogenwerk und doppeltem Säulengang, der ihm einen sehr verlockenden Zauber verleiht (XIII. Jh.).
Seine Zugangstür bewahrt einen Architrav, der von westgotischen Kapitellen gestützt wird, Beweis seines hohen Alters, ebenso die Tatsache, dass hier Graf Guifré II (Wilfried II) beigesetzt ist, den einige für den Gründer halten.
Die Kapelle *Sant Llàtzer* (Lazarus) gehörte zu einem Hospital für Leprakranke in *El Raval (Plaça del Pedró)* zwischen den Strassen *El Carme* und *Hospital;* heute wird sie restauriert.
Nach diesem kurzen Verlauf durch das ursprüngliche Barcelona sollte der Besucher seinen Barceloneser Spaziergang mit dem Besten an spätmittelalterlicher Kunst beginnen, was der höchsten Glanzzeit der Stadt entspricht (vom XII. bis XVI. Jh.).

Das gotische Barcelona

Die Architekten der Jahre der Diktatur Primo de Riveras gaben den Namen *Barri Gòtic* (Gotisches Viertel) dem Stadtkern des alten Barcelona, das über dem römischen Barcino eine überraschende Anzahl gotischer Gebäude vereinte. Zwischen 1925 und 1927 setzt sich diese Bezeichnung dank der Mühe des Architekten Joan Rubió i Bellver durch. Diese Bezeichnung wurde schliesslich trotz der Disqualifizierungen einiger Essayisten und Historiker in den volkstümlichen Sprachgebrauch übernommen.
Wir würden dem Besucher empfehlen, die Strecke des gotischen Barcelona bei der *Plaça Nova* zu beginnen. Mit den römisch-mittelalterlichen Mauern als Vorschanze der prächtigen Kathedralenfassade und Rückenwehr zum Architektenkolleg, dessen funktionelle Fassade einen fröhlichen, mediterranen Fries von Pablo Picasso zeigt. Rechts der Mauertürme der Palast des Erzbischofs, dessen Barockfassade (1784) den Bereich des Platzes schliesst.
Die *Kathedrale* ist der Kern, um den sich die ganze mittelalterliche Stadt entwickelt. Almanzor zerstörte 985 die primitive Kirche, deren Ursprünge auf das IV. Jh. zurückgehen. Sie muss eine bedeutende Kirche gewesen sein, da 559 in ihr ein Konzil stattfand. Auf diese Kirche folgt die zwischen 1046 und 1058 erbaute romanische Kathedrale. 1289 wurde nach dem Plan König Jaumes II. mit dem Bau der heutigen gotischen Kirche begonnen, der 1448 beendet war. Jedoch wurden die Fassade und die grossartige Kuppel (1913) dank der Freigebigkeit des Bankiers und Bürgermeisters der Stadt, Manuel Girona erst Ende des XIX. Jh. in neugotischem Stil errichtet. Den Kathedralenkomplex schliessen zwei Fassadentürme, ein Kuppelgewölbe im Mittelteil und zwei herrliche

Platz Ramón Berenguer.

Fassade der Kathedrale, die an Weihnachten beleuchtet ist.

achteckige, stumpfe Türme ab, die für die gesamte katalanische Gotik charakteristisch sind.

Die Fassade flankieren links das gotische Haus *Pia Almoina* (XVI. Jh.), in dem in seinen guten Zeiten täglich ein Hundert Bedürftige gespeist wurden; und rechts die grossartige *Casa de l'Ardiaca* (Haus des Erzdekans), so genannt, weil es Residenz des Erzdekans Lluís Desplà war (heute städt. Institut für Geschichte). Es handelt sich um ein herrliches Gebäude, dessen Ursprung auf das XI. Jh. zurückgeht. Es ist im Stil von Gotik und Renaissance gehalten (XVI. Jh.), mit reizendem Innenhof.

Das Innere der Kathedrale überrascht durch seine prächtige Strenge, seine gestreiften, harmonischen Säulen sowie seine eleganten Kreuzgewölbe mit vorzüglichen polychromierten Schlussteinen. Es besteht aus drei Schiffen mit Chorumgang, einer hellen Apsis sowie 26 Seitenkapellen, die Schmuckkästen für Kunst sowie geschichtliche und ständische Erinnerung sind.

Der Hauptaltar wurde 1337 geweiht, der grossartige Chor des Mittelschiffs 1390 gebaut. Im XVI. Jh. kam der herrliche marmorne Chor hinter dem Chor dazu, der heute die Sicht auf das Mittelschiff versperrt.

Unter dem Hauptaltar befindet sich die wunderschöne Krypta der Schutzherrin der Stadt, Santa Eulalia, die im IV. Jh. gemartert wurde. Hinter dem Altar, auf vier Säulen, der Sarkophag aus Alabaster (1327), den ein italienischer Schüler Nicola Pisanos würdevoll meisselte.

Besondere Aufmerksamkeit verdienen die Taufkirche

mit Marmorsäulen (XV. Jh.) und die Olegarius-Kapelle (1405). Diese ist mit einer schmiedeeisernen Gittertür verschlossen, die durch die Gebete und den üblichen Kerzenrauch dunkel geworden ist, da sie von den Barcelonesen wegen ihrer Verehrung für den Christus von Lepanto ausgezeichnet wird (aus Holz geschnitzt, XVI.Jh.), den Johann von Österreich in der Schlacht von Lepanto mit sich führte. Den Altar beherrscht, zu Füssen des majestätischen Kruzifixes, der Sarkophag des Bischofs Oleqarius. In den Seitenkapellen und in der des Chorumgangs gibt es viele Altarwerke, die meisten aus dem XIV. und XV. Jh.; das der Heimsuchung (XV. Jh.) in der Michaeliskapelle; das der Verklärung, Meisterwerk Bernat Martorells, in der Patrozinium-Kapelle; das des Erzengels Gabriel (XIV. Jh.) in der Kapelle des Heiligen Christus; das der Heiligen Martin und Ambrosius; das der Heiligen Klara und Katharina (Mitte des XV. Jh.), etc. Rechts des Hauptaltars sind die Sarkophage der Kathedralengründer Graf Ramon Berenguer I und seiner Ehefrau Almodis zu sehen. Und in der Kapelle der Unschuldigen Kindlein kann man den gotischen Sarg des Bischofs Ramon d'Escales bewundern.
Links des Kreuzschiffs kommt man durch die Tür des

Porta de la Pietat.

Porta de Sant Ivo.

Hauptaltar und Eingang zur Krypta.

Heiligen Ivus, mit den ältesten Bestandteilen der Kathedrale romanischen Ursprungs, nach draussen.
Rechts des Hauptaltars findet man die Sakristei, die den sogenannten Kathedralenschatz bewahrt. Er besteht aus künstlerisch und materiell sehr wertvollen Gegenständen für den Gottesdienst. Wie die grosse Prozessionsmonstranz, die über dem Chorstuhl König Martins I. montiert ist, eine Monstranz aus Silber von 1390 oder der mit dem Goldenen Vlies verzierte Heiligenschrein, der Kaiser Karl V gehörte, der 1519 in dieser Kirche die Ritter dieses berühmten Ordens einberief, deren Wappen und Embleme an den Chorstühlen bewundert werden können. Erzherzog Maximilian von Österreich war auch zugegen.
Zum Kreuzgang, mit schlankem gotischen Bogenwerk, gelangt man sowohl von der *carrer Bisbe* (Bischofsstrasse) durch die spätgotische Tür Santa Eulalia (XVI. Jh.) als auch durch die Porta de Pietat (Pietà-Tür) in der gleichnamigen Strasse, oder von innen, rechts des Kreuzschiffs, durch die Tür Sant Sever, oder in einem Winkel, durch den Zugang zur Kapelle *Santa Llúcia.* Bei der romanischen Tür Sant Sever findet man den Pavillon mit dem Handwaschbrunnen, wo ein heiliger Georg den Doppelteil des Taufsteins krönt. Am äussersten entgegengesetzten Ende die 1268 geweihte Kapelle Santa Llúcia, die zu den spärlichen Resten gehört, die von der früheren romanischen Kathedrale auf uns gekommen sind.
Im Kapitelsaal (XV. Jh.) wird ein grosser Teil des künstlerischen Vermögens des heutigen Kathedralenmuseums aufbewahrt: Reste mittelalterlicher Altarwerke oder Tafelbilder der grossen Künstler der katalanischen Gotik, wie Jaume Serra(*San Onofre*, XIV. Jh.) Jaume Huguet (Altarwerk *Sant Bernatin*, XV. Jh.), etc. oder zwei weitere berühmte zeitgenössische Maler, wie Bartolomé Bermejo *(Pietà*, XV. Jh.) oder Sano di Pietro (*Madonna mit Kind*, XV. Jh.) Es gibt Weihegegenstände, mit Miniaturen versehene Messbücher (das der Heiligen Eulalia von Ramón Destorrent) oder Handschriften.
In der Nähe der Kathedrale befindet sich der Bischofspalast mit elegantem Innenhof und einer Stilmischung, die Gebäuden in ständigem Wachstum eigen ist. Durch ein verstecktes, nahes Strässchen kommt man auf einen kleinen Platz von unvergesslicher Ausgewogenheit, dem eine Barockkapelle, *Sant Felip Neri,* den Namen gibt, 1752 gebaut, streng von aussen, mit nur einem Schiff und einer Kuppel über dem Kreuzschiff. Der Barockaltar dient häufig als Rahmen für Konzerte kirchlicher oder Kammermusik, die vollkommen mit der beschaulichen Stille des Plätzchens übereinstimmen, das zwei vornehme Gebäude einfassen: der Sitz des Gremiums der *Sabaters* (Schuhmacher) — heute Schuhmuseum — und das Haus der Zunft *dels Calderers* (Kesselschmiede).
Nicht weit befindet sich die grossartige Barockkirche Sant Sever, zwischen 1698 und 1705 gebaut. Wenn man durch die Bischofsstrasse weitergeht, findet

Mittelschiff der Kathedrale.

Der berühmte Christus von Lepanto.

man nach einigen Schritten das Haus *dels Canonges* (der Domherren), das mit dem Palau de la Generalitat durch eine so schöne wie romantische neugotische Brücke verbunden ist, die Joan Rubió 1926 baute. Das Haus der Domherren, mit unregelmässigem Grundriss, datiert aus dem XIV. Jh., wurde aber später umgebaut. Heute ist es der offizielle Wohnsitz des Präsidenten der Generalitat (autonome Regierung Kataloniens). Diese Strasse, Herz des Gotischen Viertels, geht auf den Platz *Sant Jaume* (Heiliger Jakob), der zu allen Zeiten bürgerliches, politisches und geschichtliches Zentrum Barcelonas war und ist. Sein Ursprung entspricht der Erweiterung des römischen Forums. Im Mittelalter nahmen diesen städtischen Platz die Kirche und der Friedhof Sant Jaume ein, die bis zum XIX. Jh. überlebten. Der heutige Platz nahm ab 1823 Gestalt an und wurde mit dem Durchbruch der auf ihn zulaufenden Strassen *Sant Jaume* und *Ferran* sowie mit dem Bau der neuen Rathausfassade an der Strasse de la *Ciutat* (Stadt) vervollständigt, die lotrecht zur alten verläuft.

Der wichtigste Palast dieses Platzes ist der der *Generalitat*, der Selbstverwaltung Kataloniens, die auf die *Corts Catalanes* (katalanische Ständeregierung) zurückgeht. Sie wurde im XIII. Jh. von Peter dem Grossen eingesetzt, in der Kirche, Adel, Militär und die Städte vertreten waren. Die gotische Seitenfassade zur Bischofsstrasse hin, die älteste, baute 1416 Marc Safont, derselbe, der die erlesene Kapelle *Sant Jordi* (Heiliger Georg) 1436 errichtete.

Der Innenhof, zu dem man durch einen gedrückten Bogen gelangt, ist ein Meisterstück der katalanischen Gotik. Safont baute 1425 eine herrliche Treppe, die zu einer gotischen Galerie führt. Gegenüber der Treppe öffnet sich die spätgotische Fassade der Kapelle *Sant Jordi,* dem das ganze Gebäude geweiht ist und von dem es hier viele Bilder gibt. Links davon befindet sich der berühmte *Pati dels Tarongers* (Orangenhof). In seiner Mitte dient ein schöner Brunnen einer weiteren kleinen Statue des Heiligen Georg als Sockel.

Zwei Büsten illustrieren den Hof: eine von Enric Prat de la Riba, die andere von Francesc Macià (Wiederhersteller der Generalitat und ihr berühmtester Präsident während der II. Republik), von Subirachs (1983).

Um den *Orangenhof* baute man verschiedene Säle, wie den des Konsistoriums oder Goldenen Salon, der mit Wandpanelen und Täfelwerk überaus kostbar ausgestattet ist. Ein weiterer, kürzlich restaurierter ist der Salon Torres García (1914), so genannt wegen der Wandgemälde dieses uruguayischen Malers, die jahrzehntelang verborgen waren. Und noch später (1990) wurde er mit dem Salon Tàpies vervollständigt, der ein grossformatiges Werk dieses zeitgenössichen Malers enthält. Der grossartigste ist jedoch der Saal *Sant Jordi,* mit drei Raumteilen, grossen Pilastern, über denen sich die Gewölbe und

Spektakuläre Ansicht des Brunnens im Kreuzgang der Kathedrale.

Kapelle Santa Llúcia.

Casa del Arcediano. Teilansicht des Erdgeschosses mit Springbrunnen in der Mitte.

eine Kuppel halten. Er wurde im XVI. Jh. von Pere Blai gebaut, mit Fresken und mit noch einem Heiligen Georg des Bildhauers Frederic Marès ausgestattet. Die Hauptfassade, die den Platz *Sant Jaume* beherrscht, wurde 1597 von dem Architekten Pere Blai im Renaissancestil entworfen und Anfang des XVII. Jh. vollendet. An dem Mittelbalkon über dem Eingangstor befindet sich noch eine sehr schöne Version des reitenden und den Drachen mit der Lanze durchstechenden Hl. Georg, die der Bildhauer Andreu Aleu anfertigte.

Das andere monumentale Gebäude des Platzes *Sant Jaume* ist das *Ajuntament* (Rathaus). Die Stadtverwaltung, deren Ursprünge auf das XIII. Jh. zurückgehen, der sogenannte *Consell de Cent* (Hundertschaftsrat), bestand aus ehrbaren Bürgern, Vertretern der Gremien, Handwerkern, Kaufleuten, und ab dem XVI. Jh. auch aus Militärs. Alle diese Institutionen, die seit dem XIV. Jh. rechtskräftig waren, wurden 1714 von Philipp V abgeschafft.

Das heutige Rathaus steht über dem Haus Simó Oller, 1372 erworben, um den Sitz des *Consell de Cent* zu bauen, was hernach der *Saló de Cent* (Hundertschaftssaal) werden sollte, Mittelteil des heutigen Palastes, dessen Bau Pere Llobet (XIV. Jh.) plante. Zwischen 1399 und 1402 baut Arnau Bargués einen neuen Gebäudeteil in der Strasse de la Ciutat, dessen gotische Fassade vollständig erhalten ist. Nach dem Abriss der Kirche Sant Jaume 1823 wurde das Gebäude auf seine heutigen Ausmasse erweitert und 1847 mit der von Josep Mas entworfenen klassizistischen Fassade des Platzes *Sant Jaume* vollendet.

Wenige Jahre danach wurde der Sitzungs- oder Saal der Regierenden Königin gebaut, so genannt, weil ihn ein Porträt der Königin Maria Christina mit ihrem Sohn Alfons XIII beherrscht, wo sich heute der Stadtrat versammelt. Gleichzeitig erweiterte man den trefflichen *Hundertschaftssaal,* mit elegantesten Proportionen, der heute den grossen Feierlichkeiten vorbehalten ist. 1926 stattete José María Sert den Saal der Chroniken mit historischen Themen aus, die sich auf die mittelalterlichen katalanischen Expeditionen über das östliche Mittelmeer beziehen.

Im Inneren ist hervorhebenswert das Vestibül, zu dem man durch die Fassadentür gelangt, die von den Skulpturen König Jaumes I. und des Rats Joan Fiveller flankiert wird, Verfechter der Freiheiten der Stadt im XV. Jh.; die schwarze Marmortreppe (1926), die zur Beletage führt; die Bürgermeisterei mit Gemälden von Xavier Nogués und Decken mit Fresken des Modernisten Ramón Pey; die Kapelle mit Werken des Bildhauers Monjo. Vestibül und Beletage bilden ein echtes Museum mit Skulpturen von Llimona, Clarà, Viladomat, Gargallo, Rebull, Marès, Miró, Hugué, Navarro und Subirachs.

Schliesslich wurde 1969 der ganze Komplex der

Hof des erzbischöflichen Palastes.

Panoramaansicht des Platzes El Rei.

Grossaufnahme des Denkmals für Ramón Berenguer. ▷

Stadtverwaltung mit dem neuen Haus des Platzes *Sant Miquel* vervollständigt, dessen Fassade mit Motiven des Bildhauers Subirachs verziert ist.
Die andere Flanke des ehemaligen Viertels de la *Seu* (der Hauptkirche) hat als Scheitel den Platz *del Rei* (König). Die aussergewöhnlich beschwörende Stelle gehört zu den harmonischsten der Stadt. Als in den zwanziger Jahren dank der grossen Umbauarbeiten die *Via Layetana* durchgebrochen wurde, entdeckte man einen grossen Teil der Reliquien, die dieser Sektor des Gotischen Viertels beherbergt: die restaurierte Stadtmauer der Ostgrenze des Schutzrings, mit vielen römischen Resten im unteren Teil, der hier bis zu 9 m reicht, mit drei Türmen von 18 m Höhe; die Kapelle *Santa Agueda* (Agathe) mit achteckigem Turm; eine breite Ansicht des ehemaligen Palau Reial (kgl. Palast); die eleganten Kathedralentürme und diese vergnügliche kleine Gartenanlage mit Zypressen vor der Mauer, die der Reiterstatue des Grafen-Königs Ramon Berenguer III als Hintergrund dient, einem Werk J. Llimonas.
Nicht weniger privilegiert ist die Innenansicht des Platzes *del Rei,* ein eindrucksvoller gotischer Komplex, beherrscht von dem Aussichtsturm *Mirador del Rei Martí* (XVI. Jh.), mit seinen fünf Reihen halbrun der Bogen, der die Gebäude des *Palau Reial Major* (Gr. Kgl. Palast) überragt, die Residenz der katalanisch-aragonesischen Monarchen. Rechts steht die bereits erwähnte Kapelle Santa Agueda (XIV. Jh.), mit nur einem gotischen Schiff und Hauptbogen, die eine Decke aus Holz mit polychromierten Kassetten stützen. Am Hauptaltar kann man ein Mei-

Inneres der Kapelle Santa Agueda. *Im Hintergrund das Altarwerk des Konstablers.*

Platz Sant Jaume *und Palast der* Generalitat.

sterwerk katalanischer Kunst von Jaume Huguet (1464) mit Themen der Anbetung der Könige und der Kreuzigung bewundern, das als Altarwerk des Konstablers bekannt ist. Im Hintergrund befindet sich unter einem grossen Bogen die halbkreisförmige Zugangstreppe zum Kgl. Palast. Links haben wir den *Palau del Lloctinent* (Statthalter), dessen Bau 1457 von den Katalanischen Ständen genehmigt, aber erst ein Jahrhundert später vollendet wurde. Dieser schöne Palast ist ein Beitrag der Spätgotik, mit reichlich Renaissanceelementen aussen und nicht zu leugnender, italienisch beeinflusster Konzeption innen. Heute beherbergt er das Archiv der Krone Aragoniens, mit mehr als 4 Millionen Dokumenten, die aus der Kgl. Kanzlei, der Amtmannschaft Barcelonas sowie dem Kgl. Gerichtshof stammen und in einigen Fällen auf das IX. Jh. zurückgehen.

Aber der schönste Teil dieses Komplexes ist ohne Zweifel das Innere des Kgl. Palastes, sein majestätischer *Saló del Tinell*, der zur Zeit Peters des Zeremoniösen zwischen 1359 und 1362 von dem Architekten Guillem Carbonell gebaut wurde. Anscheinend empfingen hier Isabella I von Kastilien und Ferdinand V von Aragonien Christoph Kolumbus, als er 1493 von der Reise der Entdeckung Amerikas zurückkehrte.

Am Rand dieses Platzes steht das gotische Haus *Clariana-Padellàs* (XVI. Jh.), Sitz des Historischen Museums der Stadt, das von der Strasse *Mercaders* (Kaufleute) nach hier versetzt wurde. Dieses inter-

Palast der Generalitat. *Gotische Galerie und Goldener Saal.*

essante Museum beherbergt eine imponierende Auswahl archäologischer und historischer Reste aus verschiedenen Ausgrabungen sowie Keramiken, Münzen, Pläne, Modelle, Gemälde und Dokumente, die eine bessere Kenntnis der geschichtlichen Entwicklung Barcelonas ermöglichen.

Das *Museu Marès*, ein Nebengebäude des Kgl. Palastes, verdient wegen seines wichtigen Bestandes an Skulpturen und vorzüglichen Beispielen gotischer sowie romanischer Kunst einen Besuch.

Aber die Gotik Barcelonas ist durchaus nicht auf das Kathedralenviertel beschränkt. Über die *carrer de Hèrcules* (Herkules-Strasse) gelangt man zum Platz *Sant Just* (Justus), wo man die uralte Kirche der *Santos Justo y Pastor* (Heiligen Justus und Pastor) findet. Sie ist zwar seit dem IX. Jh. urkundlich bekannt, jedoch ist ihr heutiges Mauerwerk erst im XIV.-XV. Jh. entstanden. Ihre Fassade schliesst mit einem einzigen Glockenturm ab, da der andere des ursprünglichen Plans unvollendet blieb. In ihrem Inneren, mit nur einem Schiff, sind interessante Altarwerke erhalten, das des Hl. Felix, von J. de Bruselas (Brüssel) und Pedro Núñez (XVI. Jh.). Diesem Altar wurde 1282 das Privileg des sakramentalen Testaments zugesprochen. Danach konnte jeder Sterbende, der kein Testament hinterlassen hatte, seinen letzten Willen mündlich an Zeugen weitergeben, die sich hier einfinden mussten und rechtsgültig unter Eid über die testamentarischen Verfügungen und den Willen des Verstorbenen aussagen konnten.

Zu bewundern in dieser Gegend gibt es den Palau de Moixó (XVIII. Jh.) mit den schönen Sgraffiti und einem bemerkenswerten Innenhof; den ältesten Brunnen Barcelonas (1367), den des Rats Joan Fiveller, der im XVIII. Jh. restauriert wurde; den besonders schönen Palast der Gräfin von Palamós, heute Sitz der Academia de Bones Lletres (Akademie für schöngeistige Literatur), XIII. Jh., am Ende der Strasse *Bisbe Caçador.* Wenn man die *Via Laietana* überquert, kann man zur Kirche *Santa Maria del Mar* kommen,

Palast der Generalitat. *Orangenhof.*

Carrer del
Bisbe.

Rathausfassade,
Strasse Ferran *und*
modernistischer
Laden.

Rathaus. Der Saló de Cent *von innen und gotische Seitenfassade.*

ein prachtvolles Meisterwerk katalanischer Gotik, das mit seiner Herrlichkeit und Eleganz beeindruckt. Früher hiess dieses Viertel *Vilanova de la Mar.* Hier wohnten Seeleute, Händler und Kunsthandwerker. Seine Strassen haben den mittelalterlichen Verlauf und Flair erhalten, und die *carrer de Montcada* war zeitenweise die vornehmste Barcelonas. Daher die Pracht und Fülle ihrer Paläste und Herrenhäuser. Dieses Viertel nahm zwischen dem XI. und XVIII. Jh. Gestalt an, und *Santa Maria del Mar* war die Krönung seines Aufschwungs. Die ursprüngliche Kirche dieses Namens wird bereits in Dokumenten des X. Jh. erwähnt, aber diese Basilika wurde erst ab 1329 gebaut.

Das Äussere ist etwas streng, mit einer für die katalanische Gotik charakteristischen Hauptfassade: trompetenförmig ausgeweitetes Tor und Giebel, Tympanon mit einem Bild der Mutter Gottes sowie eine ungeheure spätgotische Rosette der zweiten Hälfte des XV. Jh., welche die ursprüngliche, 1428 zerstörte ersetzte. Schlanke, achteckige Türme vervollständigen die Seitenmauern, die mit grossen gotischen Glasfenstern des XV. Jh. ausgestattet sind. Bemerkenswert das Fenster des Jüngsten Gerichts im linken Schiff, die Himmelfahrt Mariens in einer Seitenkapelle und die Krönung der Madonna in der Fassadenrosette.

Das Innere ist dank der zierlichen, achteckigen Pilaster ein prächtiger architektonischer Raum ohne Hindernisse. Das Presbyterium ist ein Wunderwerk an steinerner Vertikalität mit elegantem Rippenwerk und anmutiger Hoheit.

Nicht weit von *Santa Maria del Mar,* bereits an der Meeresseite Barcelonas, wird der Besucher im *Saló de Contratacions de la Llotja* (Abschlussaal der Börse) ein weiteres ausserordentliches Beispiel profaner gotischer Kunst finden. Eine ursprüngliche Säulenhalle, die Kaufleute und Waren bedeckte, wurde im XIV. Jh. zum Inneren des heutigen Gebäudes, das in der Zeit König Peters des Zeremoniösen gebaut wurde und an seinen Aussenfassaden klassizistisch ist.

Fassade von Santa María del Mar.

Inneres der Basilika Santa María del Mar.

Der Bau wurde 1380 begonnen und 1392 beendet. Der grossartige gotische Salon mit drei Flügeln und sechs runden Bogen mit Decken aus polychromiertem Holz sollte anderen, dem Handel dienenden Profanbauten in den Gebieten der Krone Aragoniens ein Beispiel sein.

Die heutige klassizistische Fassade ist von Juan Soler und wurde 1771 neu gestaltet. Die prächtige marmorne Zugangstreppe sieht, wie die obere Galerie, ganz italienisch aus.

Wenn man in dieses Viertel kommt, entdeckt man viele Strassennamen, die sich auf die Gewerbe seiner mittelalterlichen Bewohner beziehen: de la *Vidrieria* (Glaserei), *Esparteria* (Arbeiten aus Espartogras), *Argenteria* (Silberarbeit), *Plaça de les Olles* (Pfannen), *carrer de la Peitxateria* (Fischgeschäft), etc., etc. Wenn man durch das Strässchen *El Malcuinat* (Schlecht gekocht) weitergeht, erreicht man el *Fossar de les Moreres* (Maulbeerbäume), den alten Friedhof von *Santa Maria del Mar,* der 1989 umgebaut wurde und wo die Patrioten begraben sein sollen, die bei der Verteidigung der Stadt im September 1714 starben.

In den Knickungen dieser mittelalterlichen Stadt kommt das Alte an jeder Ecke zum Vorschein: gotische Brunnen mit hängendem Garten (1402) auf dem Platz *Santa Maria del Mar;* uralte Säulenhallen; Köpfe — *carasses* —, die wie steinerne Masken über den Portalen und unter den Balkonen erscheinen. Wo aber der altertümliche Flair ganz besonders auffällt, ist in der *carrer Montcada,* welche die *carrer de la Princesa* mit dem *Passeig del Born* verbindet. In der *carrer de Flassaders* (Bettdeckenhändler) ist noch die Münzfabrik *La Seca* erhalten, die bis 1836 in Betrieb war. Die *carrer de Montcada* wurde von Guillem Ramon de Montcada im XII. und XIII. Jh. erschlossen, um das Viertel *Sant Pere de les Puelles* mit *Vila Nova de la Mar* zu verbinden. Ihre ganze Vornehmheit kann man bewundern an dem Palau Cervelló-Giudice (XVI. Jh.), heute Galerie Maeght; Palau Dalmases — Sitz von Omnium Cultural seit 1962 — (XVII. Jh.), mit einer Kapelle des XV. und einem der schönsten In-

Hof des
Picasso-
Museums.

Picasso: El Arlequín - © *von S.P.A.D.E.M. Paris 1970.*

Picasso: La Paloma - © *von S.P.A.D.E.M. Paris 1970.*

Picasso: Eine seiner zahlreichen Nachempfindungen der «Meninas» von Velázquez. - © by Cercle d'Art-Paris 1970.

LA CHATA
AÑO D 1899

Hof des Hauses Dalmases.

Picasso: La Margot - © *von S.P.A.D.E.M. Paris 1970.*

Picasso: La Chata - © *von S.P.A.D.E.M. Paris 1970.*

nenhöfe; Palau de Berenguer d'Aguilar (XV. Jh.), der mit dem del Baró de Castellet und der Meca, beide des XVIII., das 1963 eingeweihte Picasso-Museum bildet; der Palau del Marqués de Llió (XVI. Jh.), wo das Textilmuseum untergebracht ist; der gotische Palau de Nadal (XV.-XVI. Jh.), etc.

Noch eine interessante Strasse des Gotischen Viertels ist *el Call*, das Judenviertel des mittelalterlichen Barcelona und der *Rambla* am nächsten. Diese Strassen mit Läden, Antiquariaten, Restauratoren, Kunstgalerien, Läden für antiquarische Bücher muss man besuchen, besonders die 1465 durchgebrochene *Petritxol,* ausserdem *Portaferrissa, Banys Nous, la Palla* oder die Umgebung von *Placeta del Pi* (Pinienplätzchen), wo sich Maler und Kräutersammler treffen. Der Spaziergang soll bei der gotischen Kirche *Santa Maria del Pi* (der Pinie) enden, deren Ursprünge auf das X. Jh. zurückgehen. Die heutige Kirche wurde 1322 begonnen und 1453 geweiht. Sie hat eine Krypta des XVI. Ihre strenge Fassade zeigt eine ungeheure, sehr schön durchbrochene Rosette. Die Seitentür gehört zum XIII. Jh. Ihr Inneres besteht aus

Saló del Tinell.

einem geräumigen Schiff, das Seitenkapellen flankieren. Der 54 m hohe achteckige Glockenturm ist eines der Symbole dieses populären Geschäfts- und Kunsthandwerkerviertels. Nicht weit davon erreicht man durch die Strasse *Santa Anna* die gleichnamige Kirche. Ursprünglich war sie romanisch, hat aber viele gotische Elemente, von denen einige so schön sind wie ihr Kreuzgang des XV. Jh.

Mitten in *El Raval* hat die profane gotische Kunst eines der klarsten Beispiele Kataloniens. Es handelt sich um das *Hospital de la Santa Creu* (Hospital des Hl. Kreuzes), ein herrlicher Komplex, welcher der Initiative des Domherrn Guillem Colom und der späteren Schutzherrschaft des vornehmen Pau Ferran zu danken ist. Seine Vorläufer gehen bis zum X. Jh. zurück. Der Haupttteil war 1415 beendet; neue Elemente kamen 1509 hinzu, und 1638 wurde der ganze Hospitalkomplex umgebaut.

Sehenswert sind der Innenhof der Casa de Convalecència (Erholungshaus) sowie das Vestibül (1655-1678) mit zwei Galerien schöner Bogenwerke und einer Statue Sant Pau (Paulus) von Lluís Bonifaç (1677); das ehemalige *Col·legi de Cirurgia* — heute Sitz der Reial Acadèmia de Medicina (Kgl. Akademie für Medizin) — sowie die grossartig restaurierten Gebäude des ausserordentlichen zentralen Hofs, den ein Kreuz des XVII. Jh. auf einer schlanken, salomonischen Säule aus weissem und rosa Marmor beherrscht. Dieser schöne gotische Komplex beherbergt heute die *Biblioteca de Catalunya* (Bibliothek Kataloniens), das *Institut d'Estudis Catalans* (Institut für Katalanische Studien) und die *Escola Massana* (Schule für Gebrauchskunst).

Marés-Museum. Teilansicht eines Museumsaals und Detail eines der dort ausgestellten Stücke.

Strasse Petritxol und Gemäldeausstellung auf der Plaça del Pi.

Das gotische Barcelona setzt sich mit dem *Monastir de Pedralbes* (Kloster von Pedralbes) von dem wir noch sprechen werden.

Barcelona wendet sich dem Meer zu

Die Rambla ist die Seele der Stadt. «Die schönste Strasse der Welt», schrieb William Somerset Maugham. Diese Allee beginnt an der *Plaça de Catalunya*, dem vitalen Zentrum, Kreuzung aller Wege der Stadt, mit weiten Gartenanlagen, wo Tauben und Rentner ausruhen. Zwei grosse Springbrunnen erhellen die Fläche, in offenem Wettbewerb mit der dort vertretenen Kunst, von Josep Clarà — *Deessa* (Göttin) —, der Bronze der *Allegoria de la Ciutat* (Allegorie der Stadt) und dem *Pastor* (Hirte) von Pau Gargallo. Der Untergrund ist ein ungeheurer durchlöcherter Käse, mit Geschäften, Garagen sowie zwei Metro- und Bahnlinien mit ihren Stationen.
Von hier gehen wir über die Rambla bis zum Meer bei der *Porta de la Pau* (Friedenstor), unter dem Schutz von Christoph Kolumbus auf seiner Warte. Früher floss hier, bei dem zweiten Mauergürtel des alten Barcelona, ein Bach.
Die Rambla hat verschiedene Namen. Angefangen mit *Canaletes* (Ablaufrinnen), mit einem Bronzebrunnen, dessen Wasser die Trinker zur Rückkehr ermutigen soll.
Der Weg abwärts zum Meer folgt der *Rambla dels Estudis* (der Studien), wegen einer Universität, die Philipp V schloss, um sie nach Cervera zu verlegen. Heute ist sie ein grossartiger Ort für Vögel und kleine Haustiere.
In diesem Sektor befinden sich die *Esglesia del Carme* (Kirche Unserer Lieben Frau von *Betlem,* Weihnachtskrippe von Josep Juli (um 1680); das Gebäude von Tabacos de Filipinas und der *Palau Moya* (XVIII. Jh.), ein interessantes Gebäude mit Gemälden von el Vigatà (dem aus Vic) und J. Flaugier.
Hier beginnt die vielleicht malerischste Strecke, mit

Luftansicht des Hafengebiets und Altstadt.

Tag und Nacht geöffneten Bücherkiosken, Blumenständen, die ihr den Namen geben: *Rambla dels Flors*, obwohl sie ursprünglich *Rambla de Sant Josep* hiess. Wenn man abwärts geht, fällt rechts ein herrlicher Palast auf, *Virreina*, der 1775 im Auftrag Manuel Amats, des Vizekönigs von Peru, gebaut wurde. Er konnte sich nicht mehr an ihm erfreuen, dafür aber seine Witwe. *El pla de la Boqueria* (Die B.-Fläche) ist ein obligatorischer Treffpunkt für Feinschmecker und privilegierte Gaumen. Ohne Zweifel ist der *Boqueria*-Markt der bestausgestattete Barcelonas, gleichzeitig der schönste und farbenprächtigste, mit modernistischen Linien und Metallstruktur.

El pla de l'Os (Bär) und sein Mosaik von Joan Miró ist die Schwelle zur weiteren Strecke der Rambla — die der *Caputxins* (Kapuziner) —, für die Barcelonesen wegen des *Liceu* (Grosse Oper) obligatorischer Treffpunkt, die Perle der lokalen Opernkultur. Dieses Theater wurde am 11. April 1845 auf dem Grundstück des Klosters der Barfüssigen Trinitarier zu bauen begonnen und am 4. April 1847 eingeweiht. Diesem Tempel der Musikliebhaber fehlte es nicht an Schicksalsschlägen: ein Brand am 9. April 1861, der es zum grossen Teil zerstörte; und am 7. November 1893 ein Attentat des Anarchisten Santiago Salvador, der zwei Bomben ins Parkett warf, die zwanzig Tote und viele Verletzte verursachten.

Das Theater ist in herrlichem Barock gehalten, eine Symphonie aus Damasten und Vergoldungen. Marmorne Vestibüle, eleganteste Treppen, Salons im Stil

«La Rambla».

Verschiedene Ansichten der Rambla. ▷

Wir befinden uns an der Grenze des *Barrio Chino*, das manchmal die *Rambla* überflutet. Es riecht bereits nach Meer und Matrosen; die Strassen *Sant Pau, Unió, Nou de la Rambla...* Der *Palau Güell* (1888) in dieser Strasse verdient wegen seiner aussergewöhnlichen Ausstattung und Architektur einen Besuch. Der Name seines Schöpfers sagt alles: Antoni Gaudí. Heute beherbergt er das Theatermuseum.
Wenn man bis hierher gekommen ist, muss man zur *Plaça Reial* (Kgl. Platz) gehen, links der *Rambla* in Richtung Hafen. Ein obligatorischer Treffpunkt der

Canaletes-Brunnen.

der damaligen Zeit beherbergen eine Institution, die für das Bürgertum so charakteristisch ist wie der *Cercle del Liceu* (Opernzirkel). Im *Liceu* sind alle grossen Künstler der letzten hundertfünfzig Jahre aufgetreten. Hier sind einige, wie Victoria de los Angeles, Montserrat Caballé oder Josep Carreras, berühmt geworden. Der Spielplan war immer äusserst umfassend, aber von Anfang an bildete sich eine wichtige Wagner-Strömung. Die Spielzeiten von Oper und Ballett sind die besten Spaniens.

MERCAT
SANT JOSEP
LA BOQUERIA

FRUTAS

burda
neue mode
LA VANGUARDIA

Fassade des Liceu und Blumenstand auf der Rambla.

Romantik Barcelonas, halb napoleonische, halb koloniale Architektur. Mit exotischer Atmosphäre, wo alte Palmen aufstreben, um die Dächer der Häuser zu überflügeln, die sich im ganzen Rechteck völlig gleichen. Es ist ein rationeller, reizvoller Platz, mit Laternen von Gaudí und einem Brunnen in der Mitte, den die Drei Grazien krönen (XIX. Jh.). Er wurde nach der Zerstörung des Kapuzinerklosters durch Truppen Philipps V., 1714, und der sich daraus ergebenden Säkularisierung von 1835 bebaut.
Sein Konstrukteur war Francesc Daniel Molina, dem 1848 das Projekt aufgetragen wurde. Bier wird unter den Säulenhallen verschwenderisch konsumiert, die am Sonntagmorgen zum Markt für Briefmarkensammler werden.

Weiter unten, zum Meer hin, wird die *Rambla* breiter, mit Durchblick auf die Molen im Hintergrund. Bereits in der Mitte der *Rambla Santa Mònica*, zwischen Restaurants, Sex-Läden und Bars, kommen einige bemerkenswerte Gebäude zum Vorschein, wie der *Palau March* (1776) — Sitz der Conselleria de Cultura (Kulturamt) —. Erwähnenswert ist auch das *Museu de Cera* (Wachsmuseum), das in einem früheren Bankhaus eingerichtet ist. Es handelt sich um eine Sammlung von mehr als 300 Wachsfiguren verschiedener Personen der Politik, aus Showbusiness, Wissenschaft oder Fiktion.

Nachtansicht des Liceu. Parkett des Liceu.

Der Palau Güell von innen.

Die *Rambla* endet bei dem *Portal de la Pau* zwischen Gebäuden aus der Mitte des XIX. Jh.: die renovierte Pfarrkirche *Santa Mònica* und das hochmoderne *Centre d'Art Santa Mònica* (Kunstzentrum), eine intelligente künstlerische Bemühung, das alte Kloster des XVII. Jh. zu nutzen. Wenn wir hier angekommen sind, bekommt das Stadtbild wieder die andere, uralte Dimension Barcelonas: seine Hinwendung zum Meer, unter dem Blick von Christoph Columbus auf seiner mehr als 50 m hohen, schmiedeeisernen Säule. Dieses Monument ist so etwas wie das Bild Barcelonas selbst und wurde 1886 von dem Architekten Gaietà Buigas i Monravà entworfen. In der Säule kann man mit einem Aufzug den Fuss der 8 m hohen Skulptur des Admirals erreichen, eine Arbeit des Bildhauers Rafael Atché.
Gegenüber Kolumbus, der der *Rambla* den Rücken dreht, wird das *Portal de la Pau* rechts der *Reials Drassanes* (Kgl. Werften)und links der alten Kanonengiesserei sowie des Gebäudes *Govern Militar* (Militärregierung) begrenzt. Auf der einen und anderen Seite des Kolumbus-Denkmals haben wir *la Duana* (Zollgebäude) (1896-1902), von geflügelten Sphynxen gekrönt, und das historische Gebäude für die Kommission der Hafenarbeiten. Unterhalb desselben befindet sich der Anlegeplatz der beliebten «golondrinas» (Schwalben), kleine Schiffe, mit denen man den Wellenbrecher des alten Hafens erreichen kann. Wenn man jedoch eine gute Aussicht auf den Hafen haben will, sollte man die Drahtseilbahn benutzen, die ihn zwischen den Türmen Sant Sebastià und Jaume I (107 m hoch) bis Miramar auf Montjuïc überfliegt. Man wird sehen, wie der ganze alte Hafen aufgewühlt ist. In diesem Gebiet wird heute alles verändert.
Einer der interessantesten mittelalterlichen Räume ist nicht davon betroffen, die *Drassanes*. Ihr Ursprung geht auf Jakob I den Eroberer (XIII. Jh.) zurück. Die

Plaça del Rei und Detail an einem Feiertag.

dringende Notwendigkeit, in das Mittelmeer vorzudringen, veranlasste König Peter II, die primitive Werft zu erweitern (XIV. Jh.), und Peter III, den Zeremoniösen, sie zu beenden. So entstehen diese mittelalterlichen Werften, die wegen ihrer Vollständigkeit und Schönheit einmalig sind. Arnau Ferrer baute sie, die damals die besten Europas waren und gleichzeitig bis zu 30 Schiffe bauen konnten. Hier wurden die Galeeren ausgerüstet, die an der Eroberung von Tunis und der Schlacht von Lepanto (1575) teilnahmen.

Sehenswert das *Museu Maritim* (Marinemuseum) — hier seit 1941 eingerichtet —, das drei grosse Hallen des XIV. Jh. einnimmt, wo man Gallionsfiguren, Schiffahrtsutensilien, Andenken an die Entdeckung

Fassade des Wachsmuseums.

Luftansicht der Rambla.

Amerikas, Modelle von Karavellen und historischen Galeeren, Atlas von 1493, etc. bewundern kann.
Der Hafen ist in Richtung der Flussmündung des Llobregat gewachsen, so dass der alte Hafen heute ein Erholungs- und Spaziergängergegebiet mit Vergnügungs- und Sporteinrichtungen ist. Bei einem Bummel hier vorbei zum Wellenbrecher (Rompeolas) kann man ein verfallendes Universum entdecken, das der Seeleute und Fischer. Von dieser Welt ist heute ein Viertel mit einmaligem Flair geblieben, die *Barceloneta*, auf einem Erdarm errichtet, der ab dem XVII. Jh. dem Meer abgewonnen wurde, als man den modernen Hafendamm baute. Heute ist es ein buntscheckiges Gewebe von Strassen, wo die Bewohner Barcelonas hingehen, um in unzähligen Restaurants Seemannskost und Meeresfrüchte zu essen.
Zur Barceloneta gelangt man über den *pla del Palau*, wo sich die Escola Nautica (Seemannsschule) befindet. Hier beginnt die Avinguda de Icaria, die Zufahrtstrasse zum Olympischen Dorf. Es ist mit einigen der höchsten Wolkenkratzer Barcelonas und Wohnhäusern zu dem einzigen Zweck errichtet, Barcelona auf seine natürliche Lage am Meer auszurichten.
El Passeig Maritim (Meerespromenade) ist ein Balkon zum Mittelmeer, der Anfang des XX. Jh. entworfen, aber erst 1954 gebaut wurde. Jetzt wird er verlängert und abgeschlossen, um mit dem *Passeig Nacional* zu verbinden.
Dieses Viertel hatte militärischen Ursprung dank des Entwurfs der Militäringenieure Pedro Martín Cerme-

Kolumbus-
Denkmal.

Kolumbus-Denkmal und Teilansicht des Hafens in der Abenddämmerung.

ño und Francisco de Paredes, dessen Verwirklichung 1753 auf Initiative des Generalkapitäns Marqués de la Mina begann. Der Plan sah eine Bebauung mit rechtwinkligen Strassen und länglichen Häuserblöcken vor, die viereckige Grundstücke mit Häusern gleicher Höhe, Anordnung und Fassade ermöglichen sollten.

Trotz späterer Veränderungen ist dieser Charakter noch erhalten, mit schönen Plätzen, wie dem, der sich mit der Barockkirche *Sant Miquel* schmückt, die der Architekt Damià Ribas zwischen 1753 und 1755 nach jesuitisch-römischem Muster baute.

Die Ansicht Barcelonas vom Meer her auf den *Passeig de Colom* ist heute viel klarer. Dort befindet sich die *Capitania General* (Generalkapitanat), das in dem alten Mercedarierkloster untergebracht ist. Dahinter kann man die Spitzen der zwischen 1765 und 1775 gebauten *basilica de la Mercè* erkennen, der Schutzherrin Barcelonas. Es handelt sich um einen schönen Bau von Josep Mas, der die gotischen Reste der primitiven Kirche Sant Miquel verwendete und eine Seitentür im Renaissancestil des XVI. Jh. beibehielt. Hier wird *Ntra. Sra. de la Mercè* (Unsere Liebe Frau der Gnade) verehrt, ein gotisches Bild des XIV. Jh. des Schnitzers Pere Moragues, das die Bewohner Barcelonas sehr verehren und dem sie die Hauptfeste jeden September weihen.

In der Nähe findet man den im XIX. Jh. bebauten Platz *Duc de Medinaceli,* mit dem Denkmal für Admiral Galcerán Marquet von Daniel Molina. In der Nähe des *Pla del Palau* auf der einen Seite die beliebten *Porxos de Xifré* (Säulenhallen) (1836), in deren Erdgeschossen sich eines der ältesten und volkstümlichsten Restaurants Barcelonas befindet — *Les Set*

Reials Drassanes *und Denkmal für die Schlacht von Lepanto.*

Portes (Die sieben Türen) —, 1838 gegründet, mit einer der reichsten kulinarischen Traditionen der *belle époque*. Gegenüber erhebt sich die prächtige, klassizistische Fassade von *Llotja* — der Börse —.
Der *pla del Palau,* mit dem Palau de Govern Civil auf einer Seite und der Estació de França (Bahnhof) mit ihrer interessanten Metallkonstruktion, wird zur Avinguda *Marquès de l'Argentera,* wenn die aufgerichteten Gitter des Parks der *Ciutadella* — Stadtfestung — zum Vorschein kommen, letzter Treffpunkt dieser Tour.

*Meeresmuseum.
Modell des «Ictíneo»
und Saal des
Marquisen von
Comillas.*

Meeres-museum. Galeone von Don Juan de Austria.

Panoramasicht des Hafens und Meerespromenade.

Nostra Senyora de la Mercè. Mehrfarbige Figur des XIV. Jh.

Luftansicht des Ciutadella-Parks.

La «Ciutadella»

Dieser prächtige Stadtpark erinnert an eine unangenehme Vergangenheit. Als Barcelona 1714 Philipp V in die Hände fiel — dem ersten Bourbonenkönig, der die katalanischen Freiheiten abschaffte —, befahl Herzog von Berwick den Bau der Stadtfestung zur Überwachung der Stadt. Dazu wurde ein grosser Teil des Viertels La Ribera zerstört. Die Bauarbeiten begannen 1715 nach dem Entwurf Jorge Prósperos de Verboom, flämischer Ingenieur. Als Festung existierte sie nicht viel länger als ein Jahrhundert, da bereits 1841 der Überwachungsausschuss ihren Abriss beginnt. Aber General Espartero hält das Projekt auf und zwingt zwei Jahre später zum Missfallen der Bewohner Barcelonas zu ihrer Wiederherstellung. Dank des katalanischen Generals Prim wurde sie am 12. Dezember 1869 der Stadt übergeben, um öffentlicher Park zu werden. Als solcher konnte er die Weltausstellung von 1888 aufnehmen, deren 7 Pavillone seine Oberfläche und Umgebung einnahmen. Josep Fontseré und Elies Rogent gaben dem Park sein heutiges Aussehen, von dessen militärischer Vergangenheit nur der Gouverneurspalast, die Kapelle und das Arsenal überlebt haben.
Heute nimmt dieser ruhige Park, bevölkert mit Beeten, Teichen mit Seerosen, Wasserfällen, Palmen und Baumbeständen, die stillen Pfaden Schatten geben, viele interessante Gebäude mit ganz anderen Funktionen auf. Der Entwurf der Gartenanlagen ist von

Wasserfall des Ciutadella-Parks.

dem Franzosen Forestier. In der Mitte eines Teichs *El Desconsol* — die Betrübnis —, eine der charakteristischsten Skulpturen, die Josep Llimona Barcelona vermachte und mit der romantischen *Dama del Paraguas* (Dame des Regenschirms) des Bildhauers Roig Solé zum eindeutigen Symbol der Stadt geworden ist. Der Spaziergänger wird hier noch andere Beispiele katalanischer Skulptur, Ende des XIX. und Anfang des heutigen Jh., finden: Fuxà (Statue von Buenaventura Aribau), Clarà (Denkmal für die katalanischen Freiwilligen des 1. Weltkriegs), Llimona, etc. Es fehlt nicht an Büsten berühmter Katalanen, wie Milà i Fontanals, Maragall, Batlle, Aguiló, Teixidor, Fontova, Vilanova, etc. Die spektakuläre *Kaskade* wurde von Fontseré entworfen, aber Antoni Gaudí, das Genie des Modernismus, wirkte bei ihrer Ausführung mit, als er noch ein fleissiger Student war. Diesen Brunnen krönt die Quadriga der Aurora von Rossend Nobas, und Skulpturen von Venanci Vallmitjana zieren ihn.

Unter den Gebäuden dieses Gebietes verdienen einen Besuch das *Castell dels Tres Dragons* (Burg der Drei Drachen), aus rotem Backstein — heute Zoologisches Museum —, entworfen von Domènech i Montaner (1888), das als bahnbrechendes Gebäude für den Modernismus gilt; das *Hivernacle* (Gewächshaus) aus Eisen und Glas von Josep Amargós — heute Ort für kulturelle Veranstaltungen —, und das *Umbracle* (Sonnendach) aus Backstein und Holz, von Fontseré. Das frühere Arsenal, heute Palast des *Parlament de Catalunya*, (Parlament Kataloniens) verdient einen aufmerksamen Besuch. Ein beachtliches Gebäude, in das 1900 die Bestände der Museen für Schöne Künste und Archäologie verlegt wurden, die hier blieben, bis man es 1932 zum Sitz des autonomen katalanischen Parlaments (bis 1939), herrichtete. 1945 wurde in ihm das Museum für Moderne Kunst untergebracht, das noch besteht, obwohl der Bau mit der Wiedererlangung der Demokratie und des katalanischen Parlaments 1980 zu seinen politischen Funktionen zurückgekehrt ist.

«Desconsol», von Llimona.

Die Dame mit dem Regenschirm.

Das *Museu d'Art Modern* (Museum für Moderne Kunst) hat bedeutende Bestände, die von klassizistischen Werken (Flaugier, Lacoma, Vicente López) über den Realismus dieser Zeit (Martí Alsina, Arcadi Mas, Pellicer, etc.) bis zu den katalanischen Künstlern reichen, die im XIX. Jh. in Rom ausgebildet wurden (Pelegrí Claver, Lorenzale, Benet Mercadé, Rigalt, etc.). In seinen Sälen kann man ausgezeichnete Werke der besten katalanischen Maler der beiden letzten Jahrhunderte bewundern, besonders Marià Fortuny — dessen zwei klassische Gemälde *La Vicaria* (Pfarramt) und *La batalla de Tetuán* (Schlacht von Tetuan) erwähnenswert sind —; Joaquim Vayreda und die Landschaftsmaler der Schule von Olot; Ramon Casas und seine ausserordentlichen Porträts; Santiago Rusiñol und seine Gärten; Isidre Nonell und seine düsteren Zigeunerinnen; Joaquim Sunyer, Canals, Urgell, Anglada Camarasa, Mir, etc. Die katalanische Kunst der beiden letzten Jahrhunderte ist nicht nur mit Malerei bemerkenswert vertreten, da auch die Bildhauer einen ausgezeichneten Beitrag geleistet haben: Manolo Hugué, Llimona, Clarà, Casanovas, etc.

Der zoologische Garten ist eine andere Option für die Besucher dieses friedlichen, erholsamen Parks, mit vielen Tierarten und einem Aquarium, wo man das unglaubliche Spiel der Delphine bewundern kann. Die grösste Besonderheit dieses Zoos ist zweifellos sein weisser Gorilla, ein seltenes, in Spanisch-Guinea (heute Äquatorial-Guinea) geborenes Exemplar, das

Verschiedene Exemplare des Zoos von Barcelona.

Museum für Moderne Kunst.

«Paisaje de París«, von Ramón Casas.

«La Vicaría» (Fragment), von Mariano Fortuny.

«Castell dels Tres Dragons«, heute Zoologisches Museum, von Domènech i Montaner.

Floquito de Neu (Schneeflöckchen) genannt wird. Dieses Kapitel soll bei dem *Arc de Triomf* (Triumphbogen) schliessen, durch den man den Passeig de Sant Joan sehen kann und der seinerzeit das Eingangstor zur Weltausstellung 1888 war. Dieser Triumphbogen von Josep Vilaseca ist aus rotem Backstein mit Filigranen aus Stein und einer gewissen mudejaren Kadenz gebaut. Hoch oben ein schöner Fries von Josep Llimona mit geflügelten Engeln auf falschen Säulen, der den Gehenden einzulavorden scheint, in die neue Stadt einzudringen — L'Eixample (Erweiterung) —, wo er gewiss erstaunt die besondere Ästhetik eines weltbekannten Barceloneser Stils entdecken wird, den Modernismus.

Das modernistische Barcelona

Barcelona hat sich, städtebaulich gesprochen, schliesslich mit L'Eixample identifiziert — kastilisch Ensanche —. L'Eixample entstand aus Raumnot, da die Bevölkerungsdichte im XIX. Jh. den Paroxysmus des ungesunden Charakters einer Gegend erreicht hatte. 1854 brachte die Regierung Esparteros und O'Donnells Isabella II zu der Überzeugung, die Stadtmauern durch königliche Verordnung einzureissen und so den Plan von Ildefons Cerdà durchzusetzen. Die ungeheure Ebene mit Gärten um die Stadt ermöglichte die geniale Verwirklichung einer urbanistischen Idee ohnegleichen. Die Phantasie und Zukunftsvision von Cerdà brachten den geeignèten Rahmen für ein Unternehmen solcher Grösse. Nach den Worten Lluís Permanyers «kann L'Eixample heute zwei einzigartige Werte auf Weltniveau anführen: dass es eine Pioniertat modernen Städtebaus war... und den wichtigsten modernistischen Stadtkern der Welt beherbergt». Der katalanische Nationalismus tat das Seine. L'Eixample beginnt an der Plaça de Catalunya und ist heute eine ungeheure Ausdehnung des Herzens von Barcelona. Die Idee Cerdàs war eine Gartenstadt aus Vierecken, mit Strassen, die sich lotrecht schneiden, mit Innenflächen zwischen den Blöcken zur öffentlichen Erholung seiner Bewohner. Dieser letzte Aspekt erfuhr durch Spekulation und privaten Ehrgeiz erhebliche Änderungen.

Ab der *Plaça Catalunya* und der *Rambla* schneidet die Stadt stilistisch jede Verbindung mit der Altstadt ab. Der Platz wird auf einem ausgedehnten Feld von mehr als 50.000 qm angelegt, wo ausser anderen Strassen die *Rondas de Sant Pere* und *de la Universitat* beginnen. Sie bilden mit der *Gran Via* einen neuen Platz — den der *Universität* —, wo Mitte des XIX.

Triumpfbogen auf dem Passeig de Sant Joan.

Zwei Details der Plaça Catalunya.

Jh. unter der Leitung des Architekten Elies Rogent die *Universitat Literaria* (Literarische Universität) gebaut wurde. Sie hat rechteckigen Umfang, Glockentürme an beiden äusseren Enden und zwei viereckige Innenhöfe mit doppelter Galerie. Das Auditorium Maximum zeigt eine neomudejare Verzierung, die in dieser Zeit des XIX. wiederholt wird.

Die Trasse der Strasse Balmes über dem Schienenweg der Sarrià-Linie öffnet mit ihrem lotrechten Verlauf Meer-Gebirge neue städtebauliche Horizonte. Parallel zu ihr verläuft die *Rambla de Catalunya*, die mit dem *Passeig de Gràcia* den wesentlichen Kern von L'Eixample bildet. Diese *Rambla* wurde mit ihrer zentralen, von Linden beschatteten Promenade dank ihrer Terrassen, Cafés, Kinos und Kunstgalerien zum Treffpunkt schlechthin. Wo sie mit der Diagonal zusammentrifft, können wir das Haus *Serra* — heute Sitz der Provinzvertetung — des Architekten Puig i Cadafalch bewundern. Wenn wir wenige Meter aus der *Rambla de Catalunya* ausscheren, finden wir in der Strasse Aragó in einem von Domènech i Montaner im Jahr 1880 errichteten Gebäude die *Fundació Tàpies d'Art Contemporani* (Stiftung Zeitgenössischer Kunst Antoni Tàpies). Sie hat das Haus grossartig restauriert und die Fassade mit einer überraschenden Metallskulptur gekrönt.

Universitätsgebäude und Passeig de Gràcia.

Fassade der Tàpies-Stiftung.

Luftansicht des Hauses Serra, heute Sitz der Provinzvertretung.

Aber die Hauptstrasse dieser rechten Seite von L'Eixample ist der *Passeig de Gràcia,* ein breiter Boulevard mit Platanen. Er hat seinen Namen von dem Weg, den Barcelona mit dem Dorf *Gràcia* verband. Ab 1890 bestand das katalanische Bürgertum darauf, ihn mit besseren Häusern auszustatten, die ohne Zweifel den prächtigsten und farbenfrohesten modernistischen Komplex der Stadt hinterlassen haben. In Nummer 2 und 4 finden wir die modernistischen Häuser von Sagnier (1890) oder die Häuser *Rocamora* der Brüder Bassegoda — 6 bis 14 — (1918). Von den ursprünglichen Palästen des XIX. sind einige verschwunden, wie der von Marianao. An einer der Strassenecken kann man das Haus von *Lleó Morera*

mit Blumenverzierungen sehen, Entwurf von Domènech i Montaner.
Der architektonische Eklektizismus des Modernismus ist besonders in der sogenannten «*Manzana de la Discordia*» (Zankapfel) vertreten, in demselben Block des *Passeig de Gràcia,* links weiter oben. Ein einzigartiger Gebäudekomplex, wo die Empfindlichkeiten seiner Schöpfer miteinander gestritten haben müssen: in Nr. 43 das auffällige Haus *Batlló*, von Gaudí, in Nr. 41 das herrliche, harmonische *Amatller*, von Puig i Cadafalch, und in den Nrn. 39 und 37 zwei Häuser von Sagnier, die an das von *Lleó Morera* anschliessen.

Wenn man den Passeig verfolgt, kommt man zur Nr. 82, wo der Modernismus bei der *Casa Milà — La Pedrera* — (1906-1909) seine höchste Steigerung erreicht, das Meisterwerk Gaudís, das damals mit so viel Avantgardismus und Kühnheit überraschte. Nicht wenige glauben, dass es sich um den Gipfel des Modernismus und eines der eigenartigsten Häuser des XX. Jh. in der ganzen Welt handelt. Das Ganze ist eine ungeheure, wellenförmige Steinmasse mit verzerrtem Lichthof, als ob die steinernen Formen organisch geworden seien. Die Kamine und Ventilationsöffnungen des Dachs werden zu gespenstischen Kriegern, zu spiralförmigen Abstraktionen von Mo-

Die Häuser Amatller (links) und Batlló (rechts).

Haus Lleó Morera.

Zwei Details der bekannten Casa Milà, «La Pedrera».

saiken, zu einem Märchenwald von unerhörter Einbildungskraft. Das Staunen, das diese Architektur hervorruft, wird leicht gedämpft bei den übrigen Häusern der Strasse: *Palau Robert* am Schnittpunkt mit Diagonal; das Haus Nr. 96, von Rovira i Rabassa — das dem Maler Ramón Casas gehörte —, in der Nähe des Restaurants *La Punyalada*, Treffpunkt modernistischer Maler und Künstler sowie ihrer Anhänger; Nr. 112, *Sagnier* gehörend; 113, von Falqués; das Haus *Fuster*, 1912 von Domènech i Montaner gebaut, etc.

In der *Diagonal* kann man das Denkmal für den Dichter Mossèn Jacint Verdaguer sehen, das auf der Kreuzung mit dem *Passeig Sant Joan* einen Platz mit Anlagen bildet.

La Diagonal und
Detail von l'Eixample.

Platz Francesc Macià.

«La Casa de les Punxes», von Puig i Cadafalch.

Stierkampfplatz «La Monumental».

Spektakuläres Panorama des modernen Barcelona.

Vielleicht sollte der Besucher die beiden Stierkampfplätze kennenlernen: einer davon *Les Arenes* an der Plaça d'Espanya —, mit dem Park *Escorxador* (Schlachthof) dahinter, mit Gartenanlagen und einer charakteristischen Skulptur Joan Mirós. Der andere, *la Monumental*, in der *Gran Via de les Corts Catalanes,* sieht arabisch und nach Mudejarstil aus.

Aber dieses Kapitel verdient, mit zwei Meisterwerken des Barceloneser Modernismus abzuschliessen, die menschlich bedeutend sind: der *Palau de la Música Catalana* (Musikpalast Kataloniens) und das Hospital de la Santa Creu y Sant Pau (Hospital des Hl. Kreuzes und Skt. Pauls).

Der *Palau de la Música* sollte eine Musikkathedrale werden, da das Projekt von Domènech i Montaner von 1908 etwas mehr als einen Konzertsaal vorsah. Er hatte den *Orféo Català* unterzubringen, einen von Meister Lluis Millet gegründeten Chor, der die Erneuerung und Wiederbewertung der katalanischen Musik aller Zeiten förderte. Er befindet sich abseits der *Via Laietana* zwischen den alten Vierteln *Sant Pere* und *Santa Caterina.* Einige erachten ihn als den höchsten Ausdruck des Modernismus, von dem er die meisten Elemente vereinigt. Aber er hat auch viele Besonderheiten von *Art Nouveau.*

Das *Hospital de Sant Pau* ist noch ein auffallender Bau dieser privilegierten Epoche Barcelonas. Ein Komplex von Flügeln je nach Spezialität mit umgebenden Gartenanlagen und Spazierwegen, wo der Schönheitssinn des Jahrhundertanfangs einen Ort des Leidens mit Ruhe und Behagen versah. Von der *Avinguda Gaudí* her ist es zu erreichen, ein majestätisches Bild bietend mit Gitter und schrägkantiger Hauptfassade. Der Entwurf von 1902 ist von Lluís Domènech i Montaner. Die mit schlankem Turm gekrönte Fassade ist ein typisches Beispiel des Modernismus.

«Mujer con Pájaro«, von Miró.

Musikpalast.
Konzertsaal.

Gesamtansicht des
Hospitals Sant Pau.

Villa Figueres oder «Bellesguard».

Eingang zu den Güell-Pavillons.

Das Barcelona Gaudís

Ästhetisch ist es von dem anderen verschieden, da es architektonisch endgültig von ihm geprägt wird. Wie Joan Bassegoda Nonell, einer seiner besten Experten, sagt, «Gaudí lebte voll die Euphorie der *Renaixença* und des *Modernismus,* obwohl ihm beide Bewegungen fremd waren. Seine besondere Art, das Leben und die Architektur zu verstehen, hielt ihn am Rande von Politik und modischen künstlerischen Strömungen».

Eine gaudianische Route Barcelonas von Berg zu Meer würde bei der *Torre Figueres* (Villa) oder *«Bellesguard»* beginnen. Sie befindet sich in Nr. 16 dieser Strasse, eine alte königliche Residenz von 1408, über deren Ruinen Gaudí dieses Haus baute (1900-1909). Es hat klare gotische Reminiszenzen und einen schlanken Turm mit vierarmigem Kreuz. In der *Avinguda de Pedralbes,* nicht weit des Klosters, finden wir die *Pabellones Güell*, Pferdeställe und Portierloge des alten Landhauses der Güell, das Gartenanlagen und Gebäude des heutigen Palau Reial einnahm.

Das *Col·legi de les Teresianes* (Kolleg der Theresianernonnen) ist ein besonders strenger Ausdruck der Ästhetik Gaudís (C/ Ganduxer 85-105). Er baute es zwischen 1888 und 1889 auf Ersuchen seines Freundes und Gründer des Ordens, des frommen Enrique de Ossó.

Jenseits der *Plaça de Lesseps* liegt der *Parc Güell*

(C/ Olot ohne Nr.), eines der Wunderwerke Gaudís, das aber nicht vollendet wurde. Seit 1923 ist er öffentlicher Park in städtischem Besitz, da die anfängliche Idee seines Förderers Eusebi Güell, eine Gartenstadt nach englischem Muster auf dem Hügel von *Muntanya Pelada* (Kahler Berg) zu bauen, nicht verwirklicht werden konnte.

Die Zugangstreppe regt mit einem Drachen in der Mitte vortrefflich die zoomorphe Phantasie an. Sie führt zu einem grossen Raum — der sogenannten Sala de les Cent Columnes (Saal der Hundert Säulen), die strenggenommen nur 84 sind —, der als Markt der Siedlung vorgesehen war. Die dorischen Säulen tragen kleine halbkugelförmige Kuppeln. Darüber befindet sich der obere Platz, zweifellos einer der spektakulärsten *belvederes* Barcelonas. Dieser Park, 1984 von der UNESCO zum Kunstbesitz der Menschheit erklärt, gehört zu den ungewöhnlichsten Beispielen gaudianischen Talents und seines Verständnisses der in die Natur integrierten Architektur.

In der Strasse *de les Carolines* 18-24 ist die *Casa Vicens* (1883-1888) zu bewundern, eine der ersten Ar-

Haupteingang zum Park Güell.

Bildhauerisches Detail eines zentralen Bestandteils der Haupttreppe.

Zweimal der Park Güell.

beiten des Architekten, bei der noch gerade Linien und eine Neigung zur Vertikalen vorherrschen.

Ein weiteres der maximalen Beispiele gaudianischer Kunst ist die bereits im vorigen Kapitel beschriebene *Casa Milà, «La Pedrera»* mitten auf dem *Passeig de Gràcia.* Die UNESCO erklärte sie 1984 zum Kunstbesitz der Menschheit.

Das Haus *Batlló, Passeig de Gràcia* 43, das zwischen 1904 und 1906 von Gaudí völlig renoviert wurde, ist, wie bereits gesagt, ein ausserordentliches Beispiel der Reife Gaudís, mit Wellenlinien und abgerundeten Formen. Das Innere ist absolut perfekt.

Casa Calvet (C/ Casp 48) ist ein Wohnhaus, 1898-1900 gebaut, das im unteren Stockwerk sogar mit Büros und Mobiliar ausgestattet ist, das Gaudí selbst entwarf.

Im südlichsten Teil dieser gaudianischen Tour, bei der *Rambla* (C/*Nou de la Rambla* 3-5) steht der *Palau Güell*, (1886-1888) katalogisiert als das «erste grosse Werk des Architekten Gaudí — nach Bassegoda Nonell —, wo bereits die persönliche Art seines Architekturverständnisses zu sehen ist».

Der Weg durch das Barcelona Gaudís hat ein obligatorisches Ende: die Kirche *Sagrada Familia* (Hl. Familie). Wir befinden uns vor der totalen Ausdruckskraft des Genies; vor dem Erlösungswillen eines Mystikers, der plötzlich Vergebung und Gnade für ein Volk entdeckt, das seine Schuld sühnen oder seinem Schöpfer huldigen will. Antoni Gaudí — zur mittelalterlichen Vorstellung von Religion zurückkehrend — widmete sein ganzes Leben diesem unvollendeten Projekt, das wegen seiner kolossalen Grösse umstritten und eine Herausforderung für die Nachwelt ist. Er erbt die Idee einer neugotischen Kirche, deren Krypta bereits fortgeschritten war, von den Architekten Villar und Martorell. Der letztere gibt sie an den 31-jährigen Gaudí weiter, der sein visionäres Genie in Gang setzt, bis eine kolossale Kirche entworfen ist: 110 m Länge auf 45 m Höhe, drei Fassaden mit

Luftansicht des monumentalen Komplexes der Sagrada Familia.

Nachtansicht der Geburtsfassade. ▷

je vier hohen Türmen (insgesamt 12 für jeden Apostel), vier monumentale Glockentürme für jeden Evangelisten und zwei kolossale Kuppelgewölbe für die Jungfrau Maria und Christus (dieses 170 m hoch). Diese «Kathedrale des XX. Jh.» hat den Grundriss einer gotischen Basilika in Form eines lateinischen Kreuzes, mit fünf Schiffen, die sich mit weiteren drei Schiffen kreuzen, mit Apsis und Chorumgang. Mit seinem grossartigen Hang zur Senkrechten wollte er eine Verbindung zwischen Himmel und Erde, zwischen Gott und den Menschen herstellen. Das heisst, Gaudí entwirft ein ganzes Universum christlicher Symbole, theologischer Konzepte und biographischer Bezüge zu Christus. Das merkt man klar an den Fassaden, dem Entwurf nach drei, der Geburt Christi, seinem Leiden und Tod sowie seiner siegreichen Auferstehung zugeeignet.

Die Bauarbeiten wurden 1936, bei Ausbruch des Bürgerkrieges unterbrochen, als die Werkstatt Gaudís und die Krypte mit seinen Plänen und Zeichnungen verbrannten. 1952 wurden sie dank der Bemühung seiner Anhänger anhand von Zeichnungen und Modellen fortgesetzt, die dem Brand entkamen. 1954 beginnt der Bau der Passionsfassade (Westen), der 1976 mit ihren vier Türmen endete. Aber ihre Verzierung wurde 1987 dem Bildhauer Josep M. Subirachs übertragen.

*Passions-
fassade.
Sagrada
Familia.*

Eingang zur Burg Montjuic.

Montjüic: von der Internationalen Ausstellung 1929 bis zu den Olympischen Spielen 1992

Barcelona ist ein Komplex aus Meer und Gebirge. Beim Hafen der Grosskopf Montjüic, 173 m über dem Meeresspiegel, mit interessanter Aussicht auf eine buntscheckige, fieberhaft tätige, lebhafte Stadt zu seinen Füssen. Am entgegengesetzten Ende, von dem Tibidabo beherrscht, wird aus einem anderen grossen, natürlichen Raum, der Bergkette Collserola, ein Gebiet der Erholung und Musse, das dem Barcelona der Zukunft zugutekommt; 7.000 ha waldiger Park im Herzen Gross-Barcelonas. Montjüic ist heute einer der schönsten und weitesten Parks des alten Kontinents, der mit der 1640 gebauten Burg abschliesst. 1694 wurde sie erweitert und befestigt, ab 1960 zum Militärmuseum umgebaut. Auf diesem Berg gab es im III. Jh. v. Chr. eine iberische Siedlung. Das XX. Jh. begann mit besten Vorzeichen für diesen Hügel und wird mit seiner vollständigen Erschliessung enden. Er wird Musse, Kultur und Sport vereinen, wodurch sich sein Ruhm über fünf Kontinente ausdehnen wird. Zuerst war es die Weltausstellung 1888, die den Berghang zum Paral·lel erschloss. Der zweite Schritt war die Bebauung der Nordhälfte des Hügels, um die Internationale Ausstellung 1929 unterzubringen. Die beste Aussicht auf dieses Werk hat man von der *Plaça de Espanya,* wo so wichtige Strassen wie *Gran Via, Tarragona* und *Paral·lel* zusammenlaufen.

Aussen- und Innenansicht des Palastes Sant Jordi.

Der *Paral·lel* war in den zwanziger Jahren die Wiege der Fröhlichkeit, wo das ganze Bohemeleben der Stadt pulste.
An der *Plaça Espanya* entstand die Expo 1929. Auf einer Seite befindet sich der Stierkampfplatz Les Arenes. Auf der anderen flankieren zwei Backsteintürme, Nachahmung des venezianischen Campanile von San Marcos, die *Avinguda Maria Cristina.* Die spektakuläre Aussicht auf den prächtigen Palau Nacional (Nationalpalast) schliesst den Horizont mit einem Bühnenbild voller Licht ab, wenn es Nacht wird und die aussergewöhnlichen *Fonts* (Springbrunnen) von Carles Buigas beleuchtet werden, die allein einen Besuch verdienen. In der Mitte der *Plaça Espanya* von dem Schüler Gaudís, Jujol, ein grosser Springbrun-

nen, dem Oslé Skulpturen zufügte, welche die drei Meere der iberischen Halbinsel versinnbildlichen: Mittelmeer, Atlantik und Kantabrisches Meer.
Auf diesem Messegelände gibt es alte Paläste, die für den Besucher sehenswert sind: links der Palau de la Metalurgia (Metallurgie) oder rechts die des Cinquentenari (fünfzigjähriger Gedächtnistag) und de les Nacions, in der *Avinguda Maria Cristina;* ebenso die von Alfons XIII und Victoria Eugenia — von Puig i Cadafalch —, die den weiten Platz der monumentalen Leuchtfontänen bilden, wo das Wasser durch Talent und Technik von Buigas melodische Variationen und verschwindend kleine, farbenprächtige Bühnenbilder hervorbringt. Zu dieser Zeit gehört auch der restaurierte, sehr interessante Pavillon, den Mies van der Rohe entwarf. Er vertrat Deutschland 1929 und ist wegen der Einfachheit seiner geometrischen Formen und der konstruktiven Elemente — Marmor, Onyx, Glas, Wasser, Verchromungen, etc. —, ebenso wegen der Raumaufteilung ein unumgänglicher Bezugspunkt der Architekturgeschichte.
Die ungeheure Masse des Palau Nacional, mit vier Glockentürmen und der zentralen Kuppel, bedeckt eine Fläche von 31.000 qm. Er hat zwei Stockwerke und einen majestätischen Festsaal für 20.000 Personen, wo wichtige Annalen des Lebens der Stadt

Luftansicht des Olympiastadions.

Verschiedene Formen der Leuchtfontäne von Montjuic.

Luftansicht des olympischen Rings von Montjuic.

gefeiert wurden. Die Säle, die gerade nach dem Entwurf der italienischen Architektin Gae Aulenti neu hergerichtet werden, beherbergen heute das Museu d'Art de Catalunya (Museum Katalonischer Kunst), das ein Kunstliebhaber nicht auslassen darf. Dieses von Lluís Pellicer geschaffene Museum wurde von seinem Nachfolger Folch i Torres bereichert, indem er die grossen Fresken bester romanischer Kunst der Welt verlagerte, die in den winzigen mittelalterlichen Kirchen der katalanischen Pyrenäen erhalten waren: Apsiden wie die von Sant Joan de Boí oder die hochberühmte von Sant Climent de Taüll, mit ihrem aussergewöhnlichen «Pantocrátor» (XII. Jh.); herrliche Madonnen und Apostel in glühenden, tiefen Farben, die eindeutig mit byzantinischer Kunst verwandt sind. Ein im Wortsinn aussergewöhnliches Museum, mit grossem Bestand an katalanischen Gemälden des Mittelalters — gotische und romanische —, mit Schnitzereien und Flachreliefs, Altarwerken und wertvollen Heiligenbildern, wo die Besten dieser Zeit nicht fehlen, die flämisch beeinflusst waren — Lluís Dalmau, Jaume Huguet und andere Meister des XV. Jh. —. Aber es fehlen auch nicht Sammlungen von Werken des XVI., XVII. und XVIII., mit ausgezeichneten Beispielen von Meistern wie Pedro Berruguete, Juan de Juanes, Morales, Velázquez, Ribera, El Greco und Zurbaràn. Ebenso ist eine wichtige Keramiksammlung, XIV. bis XVIII. Jh., ausgestellt.
Aber dieser Berg hält viele Überraschungen bereit, eine lange Reihe von Museen — wie das Archäolo-

Kunstmuseum von Katalonien. Christus am Kreuz, bekannt als «Majestat Batlló». Mehrfarbige Skulptur des XII. Jh.

Kunstmuseum von Katalonien. Madonna mit Kind. Mehrfarbige Skulptur des XII. Jh., aus der Pfarrkirche von Ger, Girona.

Kunstmuseum von Katalonien. Dem Erzengel Gabriel geweihtes Altarwerk. Detail des Abendmahls, aus Soriguerola, in Uri (Girona). XIII.-XIV. Jh.

Kunstmuseum von Katalonien. «Pantocrator». Fragment des Wandgemäldes der Hauptapsis der Kirche Sant Climent von Taüll, Lleida. Gilt als das wertvollste Werk des XII. Jh.

Kunstmuseum von Katalonien. «La Verge dels Consellers», von obra de Lluís Dalmau (1445).

gische und das Ethnologische —; oder Bühnenräume — wie der Mercat de les Flors (Blumenmarkt) —; oder Amphitheater klassischen Zuschnitts — wie das Teatre Grec (Griech. Theater) —, wo Sommerfestivals stattfinden; oder prächtige Gartenanlagen mit Springbrunnen und Galerien, oder der Palauet (Kl. Palast) Albéniz, wo berühmte Gäste wohnen, mit von Salvador Dalí ausgestatteten Salons. Etwas weiter weg, zwischen Bäumen und gewundenen Seitenwegen, kann der Tourist die fortgeschrittenste Ästhetik geniessen, die Barcelona zu bieten hat. Die Fundació Mirò (Stiftung), deren Sitz ein hochmoderner architektonischer Komplex von J. Lluís Sert (1974) ist.

Auf Montjüic ist alles möglich, sowohl für Kinder wie Erwachsene: ein für jede Art von Zerstreuung gut ausgestatteter Vergnügungspark, den man vom *Paral·lel* per Drahtseilbahn erreicht; Aussichtspunkte wie *Miramar* oder die Burg hoch oben, von der man eine der anziehendsten Rundsichten auf Hafen und Stadt geniesst, sowie viele angenehme, schattige Winkel, wo man nach einem langen Spaziergang ausruhen kann. Aber vielleicht ist der reizvollste Ort für einen Touristen das *Poble Espanyol* (Span. Dorf): ein ummauerter Bereich, zu dem man durch die Türme und Tore Avilas kommt, wo man 1929 die Schönheit spanischer volkstümlicher Architektur reproduzieren wollte. Dieser Komplex wurde von Xavier Nogués, Miquel Utrillo und Ramon Raventos entworfen und gebaut, nachdem sie mittelalterliche, Renaissance- und Barockarchitektur der spanischen Regionen studiert hatten. Im Inneren dieser Gebäude und Paläste hat man eine reichhaltige Musterschau lebendiger Volkskunst vereint.

Aber die letzte und endgültige Planung des Berges Montjüic findet 1992 statt, wenn die Bauarbeiten und Gartenanlagen des sogenannten Olympischen Rings — *Anella Olímpica* — am Südhang, ab dem Estadi Nacional (Nationalstadion) fertig werden. Dort konzentriert sich die wichtigste sportliche Investition

Kunstmuseum von Katalonien. Mehrfarbige Schnitzerei, die «Maiestas Domini» darstellend, XII. Jh.

Panoramasicht der Miró-Stiftung.

Spaniens, als Sitz der Olympischen Spiele 1992. Durch dieses Ereignis wird der Montjüic durch Schaffung neuer Räume und Verbesserung der verschiedenen Zugänge völlig umgestaltet. Im eigentlichen Sportgelände hat man versucht, die moderne Architektur mit der historischen Umgebung in Einklang zu bringen.

Ein gutes Beispiel dafür ist das *Estadi Olímpic*, ein grossartiger Schauplatz für Eröffnungs- und Schlusszeremonie der Olympiade, sowie für die grossen Athletikwettkämpfe. Seine Aussenfassade (1929) hat man berücksichtigt, hergerichtet und einem neuen Plan der Architekten V. Gregotti, F. Correa, A. Milà, J. Margarit und C. Buxada angeglichen.

An der Esplanade hat man den neuen *Palau d'Esports Sant Jordi* (Sportpalast) gebaut, eine äusserst originelle Arbeit des Japaners Arata Isozaki, die mit einem besonderen Metallnetz von 45 m Höhe überdacht ist. Er dient vielen Sportarten, kann diverse Wettkämpfe und sogar kulturelle Veranstaltungen aufnehmen.

Dieser Komplex verfügt über die *Piscina Olímpica* (Olymp. Schwimmbecken) bei der Esplanadenfassade. Der ganze übrige, nach Süden blickende Berg wird bepflanzt und bebaut wie ein grosser Park von 52 ha, in dem das Auditorium und ein 120 m hoher Fernmeldeturm untergebracht werden. Es ist vorgesehen, zwischen den Pavillons und Gartenanlagen wichtige Werke zeitgenössischer Künstler aufzustellen, wie *el Gat* (Kater) von Fernando Botero oder *Anella Olímpica* der Japanerin Aiko Miyawaki.

Aber für das durch Raummangel beengte Barcelona hat sich jenseits des Tibidabo eine neue Dimension eröffnet. Die neue Ausdehnung hat zum Durchbruch von Umgehungsstrassen und des Tunnels von Vallvidrera geführt, der erlaubt, die Bergkette Collserola zu durchqueren, die zum zukünftigen Epizentrum Gross-Barcelonas berufen ist. Sie ist kaum 50 km von der *Plaça Catalunya* entfernt und wird den grössten Stadtpark der Welt bilden: 7.000 ha bewaldeter Park und 500 ha, die als freie Räume und Ausrüstungen qualifiziert sind. Das heisst: 20 mal grösser als Montjüic, 11 mal so ausgedehnt wie der Bois de Boulogne von Paris und 22 mal grösser als der Central Park von New York. Mit 6 Millionen Bäumen und einigen bebauten Gebieten ist Collserola zur grossen grünen Lunge Barcelonas im XXI. Jh. berufen.

Für den Touristen gibt es keinen besseren Abschied von Barcelona als den Aufstieg zum Tibidabo. Vernünftigerweise über die Arrabassada — wenn mit eigenem Fahrzeug —, oder über die Avinguda del Dr. Andreu am Ende der Strasse *Balmes,* wo ihn el Tramvia Blau (blaue Strassenbahn) — die einzige der Stadt, die wie eine Reliquie verblieben ist — zur placeta Peu del Funicular (Plätzchen am Fuss der Drahtseilbahn) bringt. In der Nähe finden wir auch das Museu de la Ciencia (Wissenschaftsmuseum) der Stiftung «La Caixa», eines der interessantesten und besuchtesten der Stadt.

Mit der Drahtseilbahn kann man den Gipfel des Tibidabo in mehr als 500 m Höhe erreichen, heute voller Fernsehantennen, zu denen der grosse Turm für die Ausstrahlung der Olympiade in alle Welt kommt. Der aktualisierte Vergnügungspark — seinerzeit von Dr. Andreu gegründet — ist ein Ort der Wonne für Kinder und Erwachsene, wo es ein Museu d'Autòmats (Automatenmuseum) und ausgezeichnete Restaurants gibt, um die Esslust zu befriedigen. Die von Sagnier entworfene Kirche del Cor Sagrat (Herz Jesu) gehorcht derselben Sühneidee von *Sacré Cœur* auf Montmartre. Ihr Standort wurde von dem Hl. Juan Bosco ausgesucht, als er im letzten Jahrhundert Barcelona besuchte. Eine grosse Herzjesustatue krönt die Kuppel der neugotischen Kirche.

Vom Tibidabo, mit der ausgedehnten Betrachtung des Meereshorizontes, die buntscheckige Stadt zu

Luftansicht des spanischen Dorfs. Avila-Tor.

Zwei Details des spanischen Dorfs und Sardana-Denkmal.

seinen Füssen und den grünen Baumbestand im Rücken, ermisst der Besucher nicht nur die genaue Ausdehnung der Stadt, sondern auch ihre Perspektiven jenseits der Zeit. In den Wäldern fehlt es nicht an Ausflugsstellen, wie das Observatorium Fabra oder Vil.la Joana — mit ihrem kleinen Museum für Jacint Verdaguer, den grössten katalanischen Dichter —, oder Vallvidrera, Les Planes, La Floresta oder Valldoreix zwischen dem Gehölz und der neuen Autobahn, die Barcelona bis zum Vallès bringt.
Auf der rechten Seite dieses Bildes scheint Barcelona über seine grosse *Diagonal* fliehen zu wollen, in deren Pedralbes-Gegend der Tourist ein gutes Beispiel für die Stadt der Zukunft finden wird. Grosse funktionelle Gebäude — Banca Catalana oder La Caixa —, mit gründlichen Erneuerungsbemühungen — die

Luftansicht des Tibidabo mit Barcelona im Hintergrund.

Trade-Häuser des Architekten Coderch — Luxushotels —Princesa Sofía oder Hilton— und der Universitäts-*campus*, der den ganzen Zugang der Stadt einnimmt. Vom Parc Cervantes bis zum Estadi Blaugrana (Rotblau-Stadion), das einer einzigartigen, über alle sportlichen Normen erhabenen Institution gehört: der Fussballklub Barcelona — el Barça —, mit 100.000 Mitgliedern und grossartigen Anlagen — wie *Camp Nou* (Neues Feld), das in den 60er Jahren mit einem Fassungsvermögen gebaut wurde, das zu den grössten der Welt gehört —, sowie einer Fussballmannschaft mit leidenschaftlichen Anhängern. El Barça — wie der volkstümliche Spruch lautet — ist «mehr als ein Klub».

Der Abschied von Barcelona soll *Pedralbes* sein, ein vornehmes Wohngebiet um das gotische Kloster herum, das Elisenda de Montcada, die vierte und letzte Ehefrau Jakobs II., 1326 gründete. Das Kloster ist die paradiesischste Stelle Barcelonas, mit einem Kreuzgang aus dreifacher Galerie, gotischen Bogenwerken mit feinsten Säulen und schlanken Kapitellen. 1419 wurde es beendet. Aussen hat es einen unvollendeten achteckigen Turm sowie eine strenge gotische Fassade mit tropetenförmig erweiterter Tür und Wappen der Montcada. Das Innere ist ein einziges majestätisches Schiff mit Glasfenstern des XIV. Jh. und bewahrt das Grab seiner Gründerin, Königin Elisenda, mit liegender Alabasterfigur. Der Kapitelsaal des XV. Jh. oder die Kapelle Sant Miquel, mit Fresken von Ferrer Bassa (1343) über Geschichten aus dem Leben der Jungfrau Maria, sind gute Zeugen einer katalanischen Gotik, die in diesem um-

Stadion des Fussballklubs Barcelona (Camp Nou).

mauerten Kloster eine ihrer höchsten Verwirklichungen fand.
Weltlicher, eingehüllt in Hecken und Baumbestände, mit Teichen und Pfaden von wiedererschaffener Schönheit, der *Palau Reial*, Residenz Alfsons' XIII. — der wenig Gebauch von ihr machte —. Sie wurde zwischen 1919 und 1929 gebaut, inspiriert von den ländlichen Palästen der italienischen Renaissance. Ein Besuch seines Inneren erlaubt, einige prunkvoll ausgestattete Säle zu bewundern — wie der Thronsaal —, mit königlichen Teppichen und Wandbehängen, grossartigem Mobiliar und Porzellanarbeiten, Uhren, Fächern und Bildern. Ein interessantes Karossenmuseum wird den Besucher über Reisearten von früher aufklären.

Barcelona, Kulturstadt

Eine der grossen Besonderheiten der Barcelonesen ist ihre Liebe zur Kultur und ihre Sammelleidenschaft. In Barcelona gab es seit dem Mittelalter immer Sammler, die private Institutionen, Stiftungen und Museen als ein weiteres Privileg der Kreativität Barcelonas schufen.
Was Themen betrifft, so war die Neugier universal — Kunst, Kleidung, Skulptur, Malerei, historische Materialien, Flora, Fauna, Archäologie, Ethnologie, Keramik, Musik, Wissenschaften, Maschinerie, etc. —. Das war zum guten Teil der Kultur zu verdanken, die seine Universitäten verbreiteten. Von der ältesten ist noch das Gebäude der Geisteswissen-

schaften und das Rektorat (Ende XIX. Jh.) am Platz gleichen Namens erhalten, mit Innenhöfen und Gärten. Heute heisst sie Universität von Barcelona — volkstümlich Central —. Ihr *campus* ist nach Pedralbes verlagert worden, wo es mehr Raum gab für ihre neuen Fakultäten, die in den 60er und 70er Jahren entstanden. Dazu sind in den 70er Jahren die Autonome Universität mit *campus* in Bellaterra (Westl. Vallés), die über Stadt und Aussenbezirke verstreute Politechnische, die 1990 gegründete Pompeu Fabra und andere gekommen, die durch Privatinitiative am Entstehen sind.

An Museen kann Barcelona dem Kulturtouristen mehr als ein halbes Hundert vorschlagen. Nicht zu vergessen Privatsammlungen, die solche Bezeichnung verdienten, wie die gewisser industrieller Familien. Sie sind ohne Zweifel das Fundament zukünftiger interessanter Museen. So entstanden z.B. das Museu Marès oder das d'Indumentaria (Kleidung) und die jahrelang im Palau de la Virreina ausgestellte Sammlung Cambó. Die demnächst im Kloster Pedralbes zu sehende Sammlung von Baron Thyssen Bornemisza oder die kürzlich eingeweihte Fundació Tàpies (C/ Aragó, 255).

Kloster Pedralbes.

Grösste Kontraste und gegensätzliche Aspekte. Ein Bild voller bunten Treibens: die Stadt bei Festlichkeiten.

DIPUTACION
P

Nächtliche Beleuchtung der Stadt Barcelona.

Den Liebhabern der Kultur schlagen wir kurz den Besuch Barcelonas vor, am Rande anderer Möglichkeiten, die sie bei der Vielfalt und Verschiedenartigkeit dieser Mittelmeerstadt finden werden. Schmelztiegl aller Kulturen, die sie erreichten, in ständigem Kontakt mit den Strömungen aus dem europäischen Einflussbereich und mit jeder anderen kulturellen Manifestation, ist Barcelona eine der kosmopolitischsten Städte Europas. Eine Stadt, die ohne Umschweife alle willkommen heisst, die sie besuchen oder sich in ihr einrichten. Deshalb ist sie ein Beispiel de grössten Geistes von Zusammenleben. Beteiligung und Initiative des Volkes sind ihre Stärke, die Triebkraft, durch die Barcelona auf den Pfaden, welche die Geschichte gezeichnet hat, der Zukunft entgegen geht.

Gesamtherstellung: Text, Photographien, Darstellung und Druck EDITORIAL ESCUDO DE ORO, S.A.

5. Ausgabe - I.S.B.N. 84-378-1475-8 Dep. Legal. B. 28648-1996

Gedruckt in der E.G.
FISA - Escudo de Oro, S.A.

Reihe GANZ EUROPA

		Spanisch	Französisch	Englisch	Deutsch	Italienisch	Katalanisch	Niederländisch	Schwedisch	Portugiesisch	Japanisch	Finnisch
1	ANDORRA	•	•	•	•	•	•					
2	LISSABON	•	•	•	•	•				•		
3	LONDON	•	•	•	•	•					•	
4	BRÜGGE	•	•	•	•	•		•				
5	PARIS	•	•	•	•	•					•	
6	MONACO	•	•	•	•	•						
7	WIEN	•	•	•	•	•						
11	VERDUN	•	•	•	•			•				
12	DER TOWER VON LONDON	•	•	•	•							
13	ANTWERPEN	•	•	•	•	•		•				
14	WESTMINSTER-ABTEI	•	•	•	•	•						
15	SPANISCHE REITSCHULE IN WIEN	•	•	•	•	•						
16	FATIMA	•	•	•	•	•				•		
17	DAS SCHLOSS WINDSOR	•	•	•	•	•					•	
19	COTE D'AZUR	•	•	•	•	•						
22	BRÜSSEL	•	•	•	•	•		•				
23	SCHÖNBRUNN-PALAST	•	•	•	•	•		•				
24	ROUTE DES PORTWEINS	•	•	•	•	•				•		
26	HOFBURG-PALAST	•	•	•	•	•						
27	ELSASS	•	•	•	•	•		•				
31	MALTA			•	•	•						
32	PERPIGNAN		•									
33	STRASBURG	•	•	•	•	•						
34	MADEIRA + PORTO SANTO		•	•	•					•		
35	CERDAGNE - CAPCIR		•				•					
36	BERLIN	•	•	•	•	•						

Reihe KUNST IN SPANIEN

		Spanisch	Französisch	Englisch	Deutsch	Italienisch	Katalanisch	Niederländisch	Schwedisch	Portugiesisch	Japanisch	Finnisch
1	PALAU DE LA MUSICA CATALANA	•		•			•					
2	GAUDI	•	•	•	•	•					•	
3	PRADO-MUSEUM I (Spanische Malerei)	•	•	•	•	•					•	
4	PRADO-MUSEUM II (Ausländische Malerei)	•	•	•	•	•						
5	KLOSTER VON GUADALUPE	•										
6	DIE XAVIER-BURG	•	•	•	•						•	
7	MUSEUM DER SCHÖNEN KÜNSTE VON SEVILLA	•	•	•	•	•						
8	SPANISCHE BURGEN	•	•	•	•							
9	SPANISCHE KATHEDRALEN	•	•	•	•							
10	DIE KATHEDRALE VON GERONA	•	•	•	•							
14	PICASSO	•	•	•	•	•					•	
15	REALES ALCAZARES (KÖNIGLICHER PALAST VON SEVILLA)	•	•	•	•	•						
16	KÖNIGSPALAST VON MADRID	•	•	•	•	•						
17	KÖNIGLICHES KLOSTER VON EL ESCORIAL	•	•	•	•	•						
18	WEINE KATALONIENS	•										
19	DIE ALHAMBRA UND DER GENERALIFE	•	•	•	•	•						
20	GRANADA UND DIE ALHAMBRA	•										
21	KÖNIGLICHER SITZ VON ARANJUEZ	•	•	•	•	•						
22	KÖNIGLICHER SITZ VON EL PARDO	•	•	•	•	•						
23	KÖNIGLICHE HÄUSER	•	•	•	•	•						
24	KÖNIGSPALAST SAN ILDEFONSO	•	•	•	•	•						
25	SANTA CRUZ IM TAL DER GEFALLENE	•	•	•	•	•						
26	PILAR-BASILIKA VON SARAGOSSA	•	•	•		•						
27	TEMPLE DE LA SAGRADA FAMILIA	•	•	•	•	•	•					
28	ABTEI VON POBLET	•	•	•	•		•					

Reihe GANZ SPANIEN

		Spanisch	Französisch	Englisch	Deutsch	Italienisch	Katalanisch	Niederländisch	Schwedisch	Portugiesisch	Japanisch	Finnisch
1	GANZ MADRID	•	•	•	•	•					•	
2	GANZ BARCELONA	•	•	•	•	•	•					
3	GANZ SEVILLA	•	•	•	•	•					•	
4	GANZ MALLORCA	•	•	•	•	•						
5	DIE GANZE COSTA BRAVA	•	•	•	•	•						
6	GANZ MALAGA und die Costa del Sol	•	•	•	•	•		•				
7	DIE GANZEN KANARISCHEN INSELN I (Gran Canaria)	•	•	•	•	•		•	•			
8	GANZ CORDOBA	•	•	•	•	•					•	
9	GANZ GRANADA	•	•	•	•	•		•			•	
10	GANZ VALENCIA	•	•	•	•	•						
11	GANZ TOLEDO	•	•	•	•	•					•	
12	GANZ SANTIAGO	•	•	•	•	•						
13	GANZ IBIZA und Formentera	•	•	•	•	•						
14	GANZ CADIZ und die Costa de la Luz	•	•	•	•	•						
15	GANZ MONTSERRAT	•	•	•	•	•	•					
16	GANZ SANTANDER und Cantabria	•		•								
17	DIE GANZEN KANARISCHEN INSELN II (Tenerife)	•	•	•	•	•		•	•			•
20	GANZ BURGOS	•	•	•	•	•						
21	GANZ ALICANTE und die Costa Blanca	•	•	•	•	•		•				
22	GANZ NAVARRA	•	•	•	•							
23	GANZ LERIDA	•	•	•	•		•					
24	GANZ SEGOVIA	•	•	•	•	•						
25	GANZ SARAGOSSA	•	•	•	•	•						
26	GANZ SALAMANCA	•	•	•	•	•				•		
27	GANZ AVILA	•	•	•	•	•						
28	GANZ MENORCA	•	•	•	•	•						
29	GANZ SAN SEBASTIAN und Guipúzcoa	•										
30	GANZ ASTURIEN	•		•								
31	GANZ LA CORUÑA und die Rías Altas	•	•	•	•							
32	GANZ TARRAGONA	•	•	•	•	•						
33	GANZ MURCIA	•	•	•	•							
34	GANZ VALLADOLID	•	•	•	•							
35	GANZ GIRONA	•	•	•	•							
36	GANZ HUESCA	•	•									
37	GANZ JAEN	•	•	•	•							
38	GANZ ALMERIA	•	•	•	•							
40	GANZ CUENCA	•	•	•	•							
41	GANZ LEON	•	•	•	•							
42	GANZ PONTEVEDRA, VIGO und die Rías Bajas	•	•	•	•							
43	GANZ RONDA	•	•	•	•	•						
44	GANZ SORIA	•										
46	GANZ EXTREMADURA	•										
47	GANZ ANDALUSIEN	•	•	•	•	•						
52	GANZ MORELLA	•	•		•		•					

Reihe GANZ AMERIKA

		Spanisch	Französisch	Englisch	Deutsch	Italienisch	Katalanisch	Niederländisch	Schwedisch	Portugiesisch	Japanisch	Finnisch
1	PUERTO RICO	•		•								
2	SANTO DOMINGO	•		•								
3	QUEBEC		•	•								
4	COSTA RICA	•		•								
5	CARACAS	•		•								

Reihe GANZ AFRIKA

		Spanisch	Französisch	Englisch	Deutsch	Italienisch	Katalanisch	Niederländisch	Schwedisch	Portugiesisch	Japanisch	Finnisch
1	MAROKKO	•	•	•	•	•						
2	DER SUDEN MAROKKOS	•	•	•	•	•						
3	TUNESIEN		•	•	•	•						
4	RWANDA		•									

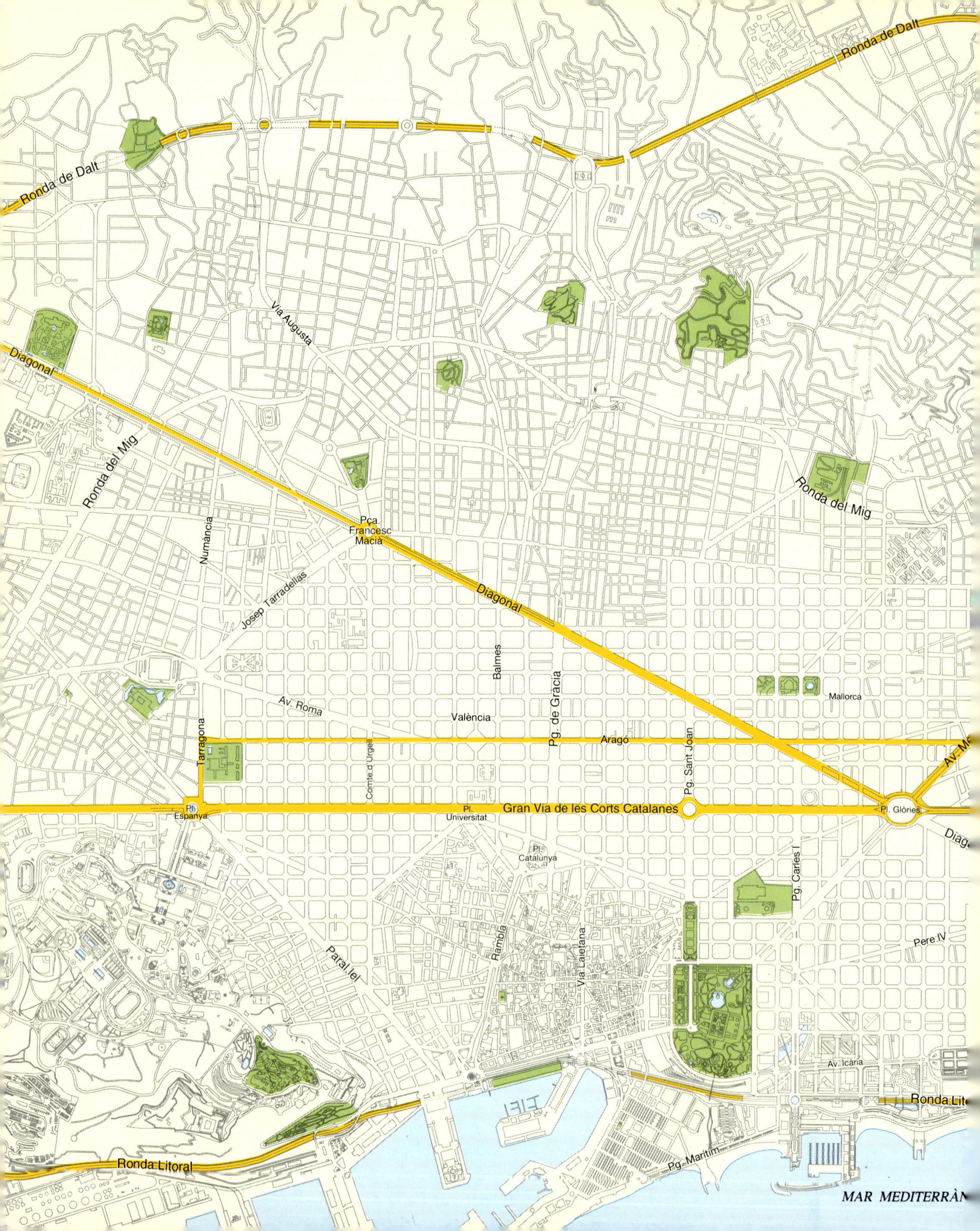
Ronda de Dalt
Ronda de Dalt
Diagonal
Via Augusta
Ronda del Mig
Numància
Pça. Francesc Macià
Ronda del Mig
Diagonal
Josep Tarradellas
Balmes
Pg. de Gràcia
Mallorca
Av. Roma
València
Aragó
Tarragona
Comte d'Urgell
Pg. Sant Joan
Av. Me
Pl. Espanya
Pl. Universitat
Gran Via de les Corts Catalanes
Pl. Glòries
Diag
Pl. Catalunya
Pg. Carles I
Pere IV
Rambla
Via Laietana
Paral.lel
Av. Icària
Ronda Lit
Ronda Litoral
Pg. Marítim
MAR MEDITERRÀN